U0943072

联营体模式下境外铁路 EPC 项目管理实践

熊彬臣　主　编

中国铁道出版社有限公司

2023年·北　京

内 容 简 介

本书以境外铁路项目联营体模式建设管理为研究主线，分析联营体模式下 EPC 总承包项目前期和执行阶段管理要点，归纳总结联营体模式下组织结构、第三方市场合作、设计管理、财税管理、公共安全管理、安全生产管理、突发事件应急管理、风险管控、物资管理以及运营风险防控等重要环节的理论和实践成果，提出项目生命周期中框架结构的顶层设计、加强项目精细化的过程控制，探索建立一套适应于境外铁路项目建设的管理体系。

本书对参与“一带一路”基础设施建设的研究人员，以及从事企业和项目管理的管理者具有较高的参考价值，本书也可以作为建设管理、项目管理专业学生学习相关课程的参考书。

图书在版编目(CIP)数据

联营体模式下境外铁路 EPC 项目管理实践/熊彬臣主编．—北京：中国铁道出版社有限公司，2023.1
ISBN 978-7-113-29877-7

Ⅰ.①联… Ⅱ.①熊… Ⅲ.①电气化铁道-铁路运输管理-研究-中国 Ⅳ.①F523.3

中国版本图书馆 CIP 数据核字(2022)第 229097 号

书　　名：联营体模式下境外铁路 EPC 项目管理实践
作　　者：熊彬臣

策　　划：时　博
责任编辑：时　博　　**编辑部电话：**(010)51873162　　**电子邮箱：**crph@163.com
封面设计：高博越
责任校对：刘　畅
责任印制：樊启鹏

出版发行：中国铁道出版社有限公司(100054，北京市西城区右安门西街 8 号)
网　　址：http://www.tdpress.com
印　　刷：国铁印务有限公司
版　　次：2023 年 1 月第 1 版　2023 年 1 月第 1 次印刷
开　　本：787 mm×1 092 mm 1/16　**印张：**8.75　**字数：**204 千
书　　号：ISBN 978-7-113-29877-7
定　　价：58.00 元

版权所有　侵权必究

凡购买铁道版图书，如有印制质量问题，请与本社读者服务部联系调换。电话：(010)51873174
打击盗版举报电话：(010)63549461

编 委 会

主　　编：熊彬臣

副 主 编：傅永程　李刚钰　丁立金　宋　伟　张小华

参编人员：张胜利　马春生　武　翔　吴生举　王云林
刘东洋　孙　群　郭　磊　吴　丽　陈晓珊
杨　柯　徐大程　陈骁骏　钟立鹏　刘　刚
吴炳昊　卫　强　赵席平

主　　审：宋　剑

前　言

铁路项目是关键基础设施和重大民生工程，也是许多国家发展面临的瓶颈，建设高质量、可持续、抗风险、价格合理和包容可及的铁路项目，其意义不只局限于解决或缓解交通的不便利问题，更在直接引起城市交通区位的变化和空间可达性的改善，增强沿线中心城市生产要素的聚集和辐射能力，加快各类生产要素在空间上的流动，推动沿线城市资源整合，从而在不同的空间维度上影响着区域经济发展。高质量建设好境外铁路项目将对项目所在国城市和区域空间组织产生持续深刻的影响，有利于各国充分发挥资源禀赋，更好融入全球供应链、产业链、价值链，实现联动发展。

本书以境外铁路项目联营体模式建设管理为研究主线，分析联营体模式下EPC总承包项目前期和执行阶段管理要点，归纳总结联营体模式下组织结构、第三方市场合作、设计管理、财税管理、公共安全管理、安全生产管理、突发事件应急管理、风险管控、物资管理以及运营风险防控等重要环节的经验，提出项目生命周期中框架结构的顶层设计、加强项目精细化的过程控制，探索建立一套适应境外铁路项目建设的管理体系。本书结合系统理论、安全管理理论、公共安全管理理论、风险管理理论、危机管理理论，对于境外铁路项目联营体模式下EPC总承包建设管理领域学科交叉具有重要的指导实践意义。

本书主要以匈塞铁路塞尔维亚段、蒙内铁路、巴基斯坦拉合尔轨道交通橙线项目（以下简称橙线项目）和沙特麦加轻轨项目等为管理实践，对参与“一带一路”基础设施建设的研究人员，以及从事企业和项目管理的管理者具有较高的参考价值，本书也可以作为项目管理专业学生学习管理相关课程的参考书。

本书由中国铁路国际有限公司熊彬臣主编，中国铁路国际有限公司宋剑主审。其中，第1章、第3章、第6章、第7章、第8章、第9章、第11章由熊彬臣编写；第2章由中国路桥工程有限责任公司丁立金编写；第4章由中国铁路国际有限公司宋伟、张小华联合编写；第5章由中国铁路国际有限公司李刚钰编写；第10章由张小华、宋伟联合编写。

本书在编写过程中得到了中国铁路国际有限公司、中国铁道科学研究院集团有限公司、中国铁路通信信号集团有限公司、中交路桥建设有限公司等在匈塞铁路塞尔维亚段项目和橙线项目等建设团队同仁的大力支持和热情帮助，天津大学管理与经济学部张水波教授和傅永程教授提出了中肯的修改建议，在此深表感谢。同时，本书在编写过程中参考和引用了大量有关文献资料，也参考了中国国家铁路集团有限公司科技研究开发计划课题《境外铁路项目建设管理研究》(课题编号:2018F023)中相关内容。本书的部分阶段性研究成果已在《中国铁路》《建筑经济》《项目管理技术》等期刊上公开发表。

由于编者水平有限，书中疏漏和不妥之处在所难免，敬请读者批评指正。

编　者

2022 年 9 月

目　　录

1 概　　述

“一带一路”倡议秉承着古丝绸之路的传统与辉煌，成为沿线国家实现“硬联通”、“软联通”和“心联通”的重要纽带。铁路作为连接沿线国家主要载体及经济贸易的大动脉，对促进和改善区域经济起着举足轻重的作用。推动境外铁路设施互联互通已成为“一带一路”倡议的优先领域，匈塞铁路塞尔维亚段、中老铁路、巴基斯坦拉合尔轨道交通橙线项目和雅万高铁等境外铁路项目建设已取得积极成果，中国铁路在国际上的影响力得到进一步提升。

1.1　境外铁路项目概况

1.1.1　匈塞铁路

匈塞铁路是中国—中东欧国家合作的旗舰项目，是欧洲交通走廊和中欧陆海快线的重要工程，也是中方共建“一带一路”倡议与欧洲发展战略对接的重大项目。匈塞铁路自匈牙利首都布达佩斯至塞尔维亚首都贝尔格莱德，线路全长约 350 km，设计速度 200 km/h，改造既有线并增建二线，形成双线电气化客货共线快速铁路。塞尔维亚段项目共分三段建设，分别为贝旧段（贝尔格莱德至旧帕佐瓦）、旧诺段（旧帕佐瓦至诺维萨德）和诺苏段（诺维萨德至苏博蒂察）。其中，贝旧段和诺苏段由中国铁路国际有限公司（CRIC）和中国交通建设股份公司（CCCC）组建的联营体承建。

贝旧段于 2018 年 6 月开始建设，是首个开工区段，线路全长 34.5 km，设有车站 6 座。诺苏段线路长度 108.41 km，全线 11 座车站，为既有单线改造、新增二线及车站扩能改造工程，主要以客货运为主。旧诺段线路长度 44.2 km，由铁总国际-中交股份联营体负责通信信号工程设备采购、安装、调试和培训工作，信号系统为 ETCS-2 级列控系统，设施设备均满足欧盟铁路互联互通技术规范 TSI 要求。2017 年 11 月，贝旧段举行开工仪式；2020 年 11 月，泽蒙至巴塔吉尼卡段左线顺利转线通车运营；2021 年 3 月 22 日，贝旧段左线全线贯通；2021 年 11 月 22 日，诺苏段举行开工仪式；2022 年 2 月 19 日，贝旧段正线动态检测工作完成。

项目建设自开工以来备受塞尔维亚政府重视，塞尔维亚政府官员在项目建设和调试期间多次到现场检查，为项目建设取得的成绩点赞。2022 年 1 月 21 日，贝旧段巴塔基尼卡至旧帕佐瓦区间测试列车以 200 km/h 的速度行驶，实现了塞尔维亚历史上第一次高速铁路运行。

塞尔维亚素有“欧洲十字路口”之称，是连接欧亚非的陆路必经之国，许多货物运输都途经这里。作为中国—中东欧国家合作的旗舰项目，匈塞铁路建设者在践行“一带一路”倡议中实现从“硬联通”到“软联通”再到“心联通”，不断绘制精谨细腻的“工笔画”。2022 年 3 月 19 日，贝诺段的顺利开通（图 1.1）展现了中国企业的软实力和硬实力。中国铁路诚实守信和优质高效的工作作风，让塞尔维亚政府对将匈塞铁路塞尔维亚段建成中东欧地区最好的铁路充满信心。贝诺段开通后，极大地满足了当地人民出行的迫切愿望，惠及沿线居民切身利益，客运量不断攀升，每日贝尔格莱德车站和诺维萨德站乘客排队购票接近满员，乘客满意度持续走高，运营成效受到当地主流媒体好评。

“软联通”是从“走出去”到“走进去”和“融进去”，匈塞铁路成功完成了中国铁路技术和装备与欧盟铁路互联互通技术规范对接，TSI 互联互通认证、AsBo 安全评估和 DeBo 国家规范符合性评估不断取得新突破。“心联通”是共商、共建、共享的民生工程，项目建设期间，成功带动了当地就业等经济发展，为塞尔维亚人民提供了安全、舒适、方便、快捷的现代化交通运输体系。

图 1.1　塞尔维亚贝尔格莱德和诺维萨德实现首次高铁列车直通

1.1.2　巴基斯坦拉合尔轨道交通橙线项目

巴基斯坦拉合尔轨道交通橙线项目（以下简称橙线项目）是“一带一路”框架下中巴经济走廊首个正式启动的交通基础设施项目，位于巴基斯坦第二大城市拉合尔市，是巴基斯坦第一条城轨项目。橙线项目业主为巴基斯坦旁遮普省快速公交公司（PMA），业主设计监理咨询单位为纳斯帕克公司（NESPAK）和中铁工程设计咨询集团有限公司（CEC）联合体。技术标准以中巴两国政府间框架协议为基础，采用至少具有三年运营经验的中国设备并符合最高的可验证的中国标准。线路全长 25.58 km，全线设置车站 26 座，其中地下车站 6 座，高架车站 20 座，总投资 16.02 亿美元，采用中国技术标准，地铁车辆及机电系统全部采用中国设备。

2014 年 5 月亚信峰会期间，中巴双方就橙线项目签署了政府间合作框架协议。2015 年 4 月，中国铁路总公司（现中国国家铁路集团有限公司）和中国北方工业有限公司组成联营体作为总承包商与旁遮普省公共交通公司签订了橙线项目 EPC 合同。2016 年 6 月 EPC 合同开始执行，2020 年 5 月通过巴方业主竣工验收，2020 年 10 月举行开通运营仪式（图 1.2）。

图 1.2　橙线项目于 2020 年 10 月实现开通运营

1.1.3　中老铁路

中老铁路是中老两国互利合作的旗舰项目，也是高质量共建“一带一路”的标志性工程。项目线路由中老边境口岸磨憨/磨丁至老挝首都万象，线路向北连接中国境内玉磨铁路，由中国铁路国际有限公司牵头中方企业与老挝国家铁路公司成立老中铁路有限公司，按照中国标准设计、建设、运营。线路全长 422 km，设计速度 160 km/h。

2015 年 11 月 13 日，中老两国政府在北京签署了《中老两国间铁路基础设施合作开发和中老铁路项目合作协议》。2016 年 12 月 25 日，中老铁路在老挝琅勃拉邦举行全线开工仪式。2020 年 3 月 31 日，中老铁路全线通信信号工程正式开工。2020 年 7 月 3 日，中老铁路万象站开工，标志着中老铁路站房施工全面启动。2020 年 9 月 13 日，中国与周边国家首条铁路跨境隧道——中老昆万铁路友谊隧道安全贯通。2020 年 12 月 29 日，中老铁路老挝境内万象至琅勃拉邦段完成铺轨。2021 年 10 月 16 日，“澜沧号”动车组(图 1.3)运抵刚刚建成的中老铁路万象站，正式交付老中铁路有限公司。2021 年 12 月 3 日，中老铁路通车。

图 1.3　中老铁路“澜沧号”动车组

中老铁路是联通中老两国的重要基础设施，也是泛亚铁路重要组成部分，对于方便沿线民众出行、促进沿线经济发展、带动区域产业提升具有重要意义，同时对于加快泛亚铁路建设、实现“一带一路”沿线国家设施联通、加强中国与东盟国家合作具有重要推动作用。

1.1.4 印度尼西亚雅万高铁项目

印度尼西亚雅加达至万隆高铁项目是中国境外首条采用中国标准和技术合作建设的时速 350 km 的高速铁路。线路正线全长 142.3 km，全线设计 4 座车站，由中国铁路国际有限公司牵头的中方企业联合体与印尼企业联合体采取合资、合作建设和管理的方式建设和运营。2015 年 10 月 16 日，印尼中国高速铁路公司（KCIC）在印度尼西亚注册成立。2017 年 4 月 4 日，印尼中国高速铁路公司与高铁承包商联合体在雅加达正式签署雅万高铁项目总承包（EPC）合同。2017 年 5 月 14 日，中国国家开发银行与印尼中国高速铁路公司就印尼雅加达至万隆高速铁路项目正式签署贷款协议。

2018 年 6 月，雅万高铁全线重点和控制性工程开工，目前已进入全面施工推进阶段。2018 年 12 月 12 日，雅万高铁首榀箱梁成功浇筑，标志着中国高铁海外“第一梁”完成浇筑。2019 年 5 月 14 日，雅万高铁瓦利尼隧道贯通，是印度尼西亚乃至东南亚第一条成功贯通的高铁隧道。2020 年 9 月 1 日至 3 日，印尼雅万高铁全线三个梁场先后开始持续架梁，标志着雅万高铁箱梁架设工作全面展开。2020 年 12 月 15 日，雅万高铁 1 号隧道贯通，中印尼双方政府相关部门及参建企业代表在北京和雅加达两地通过视频连线方式共同见证隧道贯通。2021 年 4 月 30 日，雅万高铁终点站——德卡鲁尔站主体土建工程成功封顶，标志着雅万高铁建设已进入全面冲刺阶段（图 1.4）。

图 1.4 雅万高铁建设

1.1.5 蒙内铁路

蒙内铁路起于东非第一大港蒙巴萨港，终于肯尼亚首都内罗毕，是连接港口城市蒙巴萨和首都内罗毕的标准轨铁路，主线全长 471.65 km，客运列车设计速度 120 km/h，货运列车设计速度 80 km/h。项目业主为肯尼亚铁路局。项目咨询采用国际联合体方式，由中国铁道第三勘察设计院集团有限公司联合肯尼亚 APEC 和 EDON 监理公司组成联合体，中国路桥工程有限责任公司为 EPC 总承包商。

蒙内铁路于 2014 年 12 月 12 日正式开工，2017 年 5 月 31 日正式通车运营。蒙内铁路项目用中国技术、中国质量和中国速度向非洲人民展现着中国企业的实力和良好形象(图 1.5)。

图 1.5　蒙内铁路

1.1.6　中泰铁路合作项目

中泰铁路是中泰两国共建“一带一路”开展产能合作的旗舰项目，是泛亚铁路重要组成部分。线路全长 845 km，一期工程曼谷至呵叻段长度 253.2 km，采用 EPC 模式开展合作，线下土建工程施工由泰国企业实施，轨道、四电系统和车辆(动车组)由中国铁路国际有限公司牵头中方企业实施。

2017 年 9 月 4 日，中国铁路国际有限公司和设计联合体与泰国铁路局签署了一期(曼谷至呵叻段)土建工程设计合同和咨询监理合同。2017 年 12 月 21 日，一期工程先行段正式开工建设。2020 年 10 月，联合体与泰国国家铁路公司正式签署中泰铁路一期曼谷至呵叻段线上工程合同(包括轨道、四电、动车组及培训)。

中泰铁路将有效提升当地基础设施建设和互联互通水平，加快泛亚铁路建设，促进泰国经济可持续发展，带动发展繁荣和民生改善。

1.2　中国铁路“走出去”面临的机遇和挑战

目前，中国铁路经过长期发展已经取得举世瞩目的成就，积累了应对复杂多样地质条件和气候环境，以及长距离、高密度、不同速度等级共线跨线运行的高铁建设与运营技术，建立了完备的中国高速铁路技术体系。同时，中国铁路具有技术先进、安全可靠、性价比高、兼容性好、产品交货期有保证、运营经验丰富、建设运营适应性强等比较优势，还有建设与装备有机结合的整体优势，以及投融资支持的综合优势。

中东欧、亚洲、非洲的国家将铁路作为优先发展领域，不断推进构建综合运输体系、城市化进程、区域协调发展和国际通道建设等，通过调整并实施新的发展战略，逐步加大对铁路等基础设施的建设投入。而依托中国铁路在设计、施工、装备供应、运营维护及融资等方面的综合优势，已形成在“一带一路”沿线中巴、中国—中亚—西亚、中国—中亚—欧洲等铁路通道，实现基础设施的互联互通。铁路的建成投运不仅是交通线，还是经济线、旅游线、民生线，还能提升既有铁路网的运输能力，加速人流、物流、能流和资金流流动，扩大物流吞吐能力，促进进出口贸易，可以带动区域产业规划和区域经济版图的重构，有助于推动“一带一路”沿线各国的产业化、城镇化和工业化。

与此同时，“一带一路”沿线各国的社会制度、经济水平、文化习俗、宗教信仰、历史传统、地理环境、发展道路各不相同，在铁路发展的建设方式、运营模式、投融资等诸多方面也有很大差异。“一带一路”沿线各国国情的多样性和对铁路需求的差异性，决定了中国高铁“走出去”必须精准对焦沿线国家的具体需求，做实、做细、做透前期研究。要充分了解东道国国情和面临的问题，在对这些国家政治、经济、社会、宗教、族群、人口等基本国情综合研究的基础上，有针对性地提出铁路规划、勘探、建设、装备、运营、维护、投融资等技术集成方案。

在匈塞铁路塞尔维亚段项目建设中，项目采用欧盟标准，中方承包商在法律法规、技术标准、认证等方面面临诸多挑战。

(1)法律法规不同于国内。塞尔维亚虽不是欧盟成员国，但很多法规都参照欧盟法规，在与塞尔维亚建设交通和基础设施部、塞尔维亚铁路基础建设公司签署的商务合同中，明确要求中方建设团队根据规划及建设法律、铁路安全及互通性法律，以及塞尔维亚的其他相关法律和法规、技术文件、有效的技术法规、标准和规程开展所有约定的服务和工程。这些法律条款给联营体在技术标准、施工管理等方面带来挑战。

(2)项目认证面临新挑战。欧盟成员国在商品、资本、人员和服务方面的自由流通建立了完善的法律体系，包括法规、指令和决定，这些规定对中国企业推动中国技术装备进入塞尔维亚以及满足项目的建设合规性带来挑战。

(3)在技术标准和规程方面，匈塞铁路项目技术标准、管理规程都须满足塞尔维亚及欧盟相关法规，根据商务合同技术标准和规程，项目设计、承包商文件、施工及已竣工工程应符合规划和建设法律、铁路安全及互通性法律、塞尔维亚的其他相关法律。TSI 明确规定的部分结构子系统强制性要求应满足，与互通性要求无关的其他工程应依据塞尔维亚标准，这给中国企业增加了较大难度。

1.3 EPC 总承包模式

在以往境外基础设施项目建设中，通常采用设计施工分离的承发包模式，设计和施工分离，不符合“一带一路”倡议下基础设施项目实施的生产组织方式。设计和施工分离往往导致责任不清、分歧较多，在完成建设合同管理和组织协调工作方面难度较大，从而影响了境外项目建设的整体推进。随着全球经济在日趋复杂的国际环境中不断演变，中国企业在“一带一路”沿线参与基础设施建设的项目建设模式也在变化，境外铁路项目建设环境的复杂多变让企业在“走出去”过程中的不确定性和面临的风险不断增加，项目逐步向专业化、复杂化等方向发展。而为适应国际总承包工程的需要，积极由体量增长向高质量发展转变，中国企业需要不断创新国际工程承包模式，拓展产业链上游的设计、咨询、金融投资、项目开发等领域。在此情形下，EPC 总承包模式能促进企业生产组织方式的改变和产业结构的调整，有利于适应国际工程发展趋势，顺应市场转变；在项目层面能充分发挥设计优势，较大程度的缩短工期、节省投资，同时降低成本、提高项目效率，正逐步成为“一带一路”沿线铁路项目建设主要模式之一。

EPC 是英文 Engineering（设计）、Procurement（采购）、Construction（施工）的缩写。EPC

总承包模式是指业主选择一家总承包商或者总承包联营体负责整个工程项目的设计、设备和材料的采购、施工以及试运行的全过程、全方位的总承包任务。随着境外铁路项目建设环境的不断发展和变化，中国企业在大型基础设施建设项目通常采用EPC项目，以应对建设规模不断扩大、专业分工日益细化、标准要求逐步提高的发展趋势，并能达到资源共享、优势互补、节省投资和降低风险等目标。通常来说，EPC模式在设计阶段不仅是指施工图纸的设计，也包括对项目各个阶段的组织协调工作的设计。微观上，需要勘察铁路沿线的地质和自然环境，要先保证铁路施工图纸设计的科学合理性；宏观上，需要设计整个项目各阶段的组织规划方案，重视接口与界面管理之间的衔接和协调。在采购阶段，加强质量管控能有效保证铁路施工所需的建材原材料和专业设备的质量。在施工阶段，对资源进行优化配置，在建造过程中对工程的关键工序进行阶段性验收工作，关键工序验收合格后方可继续施工。

EPC总承包模式一般适用于投资较大而且设计要求较为复杂的基础设施、工业开发、特许经营等项目，而传统模式则适合一切工程施工项目，如房建、道路桥梁、轨道交通、水电项目等。在境外铁路项目中采用EPC总承包模式，如蒙内铁路建设中，业主采用松散的监督机制，对项目的建设干预较少，中国企业建设团队总承包商具有较大的灵活性，在项目的组织实施、设计优化和分包商选择等方面具有较大的自主权，从而能充分发挥EPC模式的主观能动性和资源优势。在橙线项目建设中，总承包商以设计为主导，能统筹安排项目的采购、施工、验收等，从而达到工期、安全质量、效益等的最优化。

境外铁路项目涉及利益相关方较多，包括所在国政府、业主、设计、监理、分包商、供货商、金融机构、咨询机构、用户和当地居民等，且涉及的采购环节多、涉及面广、技术性强、采购量大，需要对各个环节进行整合、规划、协调和控制等综合管理，强调系统及协同。从前期策划到设计、采购、施工和运营，EPC总承包项目能较好地优化配置组织资源，较好地统筹市场、政治、经济、社会责任、安全、健康和环境因素，理顺各环节合理的组织模式、业务流程及利益相关者，有效集成和管理所获取的资源，促进一体化作业，保证项目质量，节约项目成本和时间。

一般来说，EPC总承包模式下应明晰合同各方关系。“雇主”系指在合同协议书中被称为雇主的当事人及其财产所有权的合法继承人。雇主应该给予投标人充分的资料和时间，使投标人能够详细审核“雇主要求”。编写的“雇主要求”在描述设计原则和生产设备基础设计的要求时，应以功能作为主要基础。同时要注意到，雇主虽然有权监督承包商的工作，但不能过分干预承包商的工作，或者要求审核大部分施工图纸。每次期中付款时，雇主应按照合同支付，不能仅由工程师或者雇主的职员来确定。“承包商”系指合同协议书中被称为承包商的当事人及其财产所有权的合法继承人。在这种合同模式下，承包商要进行全部设计，工程材料和设备的采购以及工程施工，直至最后竣工，承担的风险比较大，所以一定要做好前期调研和分析工作，特别是涉及地下工程时，应详细勘察，多方考虑，做好风险管理。“雇主代表”系指由雇主在合同中指名的人员，或有时由业主根据合同条款的约定任命为其代表的人员。“承包商代表”是指由承包商在合同中指名的人员，或有时由承包商根据合同条款的约定任命为其代表的人员。

在境外铁路项目实施中采用EPC总承包模式，能在一定范围内有利于项目风险的管控。目前，EPC总承包商的四大主要风险因素包括项目实施环境风险因素、技术实施风险因素、EPC合同实施风险因素和EPC总承包商总体管控能力风险因素。在复杂多变的境外项目环境下，EPC项目投标阶段可以减少承包商设计、采购和施工的接口性与阶段性风险，通过科学的决策进行投标计划的选择并确定合理的投标方案，是项目成功的关键环节之一。

在设计管理模式上，EPC 总承包在境外铁路项目建设中能充分发挥设计龙头的作用和意义，设计是工程项目的灵魂和最为关键的环节，严格限额设计和深化合同设计管理工作至关重要。EPC 模式能确保设计单位融合到项目所在国地质勘察、商务报价、材料选择、图纸审批、设计优化、工程施工、质量监控、竣工验收等 EPC 项目实施的全过程，利于协调设计与商务、采购、施工之间的互动关系，从而改变了国内设计单位传统的服务理念，提高了设计服务效率，增强了对项目的整体控制力度。

采购工作在境外铁路项目建设中涉及众多的材料、设备供应商管理及相关的物流和仓储等环节，项目建设采购金额通常占工程总造价的 70%左右，是否符合要求会直接影响整个工程的质量安全、成本费用和施工进度，以及项目建成后能否连续稳定安全运行。EPC 项目在采购管理方面能带动中国铁路装备输出，境外铁路项目可以建立覆盖从计划管理、采购管理、物流管理、物资管理、设备管理、计价核算管理等范畴的物资保障体系。基于供应链一体化管理理论，供应链一体化有助于加强采购计划管理、供应商管理、合同管理、物流管理和仓储管理，最终提升 EPC 项目在采购质量、成本、进度、合同、物流和仓储等方面的绩效。

在项目建设方面，一是能有利于进度控制、项目总投资控制和总承包方成本控制、质量控制、安全管理、合同管理、信息管理及与总承包方有关的组织和协调等。EPC 项目有利于对计划执行情况、劳动力定额产能等指标进行评价，从而从整体角度调整进度计划，能有效地加强资源配置需求计划和协同生产要素进场，实现进度计划的动态控制，便于项目进度的微观分析和宏观控制。二是通过设计、施工和采购一体化管理，随时对方案进行优化比选，从顶层设计层面控制项目成本，在建设施工中通过集约化管理形成规模性效应降低成本，达到工效和成本控制的平衡等。三是在建设合同方面，EPC 项目能利于推行制度化、规范化、标准化和信息化合同管理模式，结合项目特性和属地特性合理选用业主和分包合同模式及条款，统筹管理、物料供应和联合采购等条款，从而能实现全方位履约。四是有利于风险防控，EPC 总承包商在项目前期通过专家调查法、事故树分析法、初始清单法、经验数据法和风险调查法等，经过对风险因素的识别和评估后，能有效管控项目在全生命周期各个阶段所面临的风险及其对项目整体的风险等级，制定具有针对性的风险应对策略，从而采取风险回避、风险转移、风险缓解等风险应对手段进行积极的防范，最大化项目的收益和降低风险事故的概率。

1.4 联营体模式

境外铁路项目目前趋于大型化、复杂化、专业化方向发展，对资源配备调度和项目管理能力要求越来越高，中国铁路企业在“走出去”过程中只依靠一家承包商的资源、技术存在一定的局限，项目管理难度也在加大，在项目建设实施过程中会遇到瓶颈现象。由两个或两个以上的国内企业参与，中国企业之间，中国和境外企业之间，共同投标、共同管理、共享利益、共担风险的联营体模式成为必然选择。

联营体(Joint Venture，JV)主要是由两家或两家以上的中国企业通过各种形式，如资金、人力资源等联合来共同承包一个工程项目，中标后共同履行合同义务，按照约定分享利益，合同履行完毕即解散。联营体模式具有涉及面广、顶层设计相对复杂的特点，组建过程中合作伙伴选择、组织架构确立、联营协议签订，均为联营体模式的核心内容，需要进行顶层设计。中国企业在境外铁路项目中采用联营体模式主要基于以下考虑:一是有助于保障项目参与各方利益及风险分配,最终实现各方共赢。合作方可利用各自优势,寻找优势互补组成战略合作伙伴,以互惠互利、自愿诚信为原则,通过弱化市场对抗、转化竞争对象来降低经营风险,保持和提高竞争力。伙伴关系要素可分为行为要素和交流要素两类,其核心是信任,关键是解决问题。二是部分国际工程公开招投标明确要求投标单位必须与本国企业组建联营体共同竞标。三是强强联合,资源共享,两家或以上中国企业联合,满足利益共享和风险分摊的需要。四是从项目前期选择项目模式来说,联营体模式有利于资质互补,有助于避免承包商之间相互竞争,有助于风险分散和经验积累。五是在项目实施过程中,联营体伙伴从建立合作信任、内部文化建设、内部资源组合和协调管理等主要管理元素方面,在复杂的国际工程背景下对企业“走出去”能不断提升市场竞争力。

根据境外铁路项目联营体的组成和特征,主要分为紧密型和松散型联营体。目前,中国企业在“走出去”过程中常采用紧密型联营体。

1. 紧密型联营体

联营体各方以联营体划分的比例共同分担风险、享受收益,合作各方对履行合同负有连带责任,因而各方更为关注项目的整体效益。紧密型联营体分为两种类型:合资公司型联营和合同型联营。合资公司型联营是多家企业联合组建合资公司,并且各方按约定比例投入资本金,共同承担风险和所得,完成签订的工程内容。合资公司内部设有董事会和项目执行部门,重大事宜由公司董事会直接决策。项目结束后,合资公司解散,各方按照持股比例分享联营体经营收益。合同型联营是多家企业依照合约联合经营,按照各方联营体协议约定的比例派驻人员和注入资金参与项目内容,联营体设立项目管理委员会和执行委员会,各方实行同样的管理体系和制度要求。重大决策由各家组成的管理委员会共同决策。项目结束,利润按联营体协议约定的比例分配给各方。

境外铁路项目采用紧密型联营体模式,最突出的优势在于有利于整合资源、高效执行项目、减少项目风险,该模式在优势互补、资源配置、风险共担等方面具有突出的竞争力,是适应国际工程项目特点的重要策略选择。不过,紧密型联营体模式运作存在诸多风险,如联营体内部风险、总承包项目风险、项目所得税风险等,走出去的企业应充分评估并重视各类风险,积极做好风险管控,合理运用措施化解风险,力争将相关风险的影响降到最低,确保项目顺利实施。

2. 松散型联营体

各自承担规定工作内容的联营体将工程按系统或规律划分为不同的分项或分部工程,根据工程范围的划分,联营体各方依照签订的联营体协议联合经营。各方权利、责任、义务均在联营体协议中约定,各方对自己所承担的部分负全责,直至项目完成。松散型联营体是联营体各方对外以联营体形式与业主签订合同共同承接项目,同时,在联营体内部进行协调分配和责任分解。如为较好的完成国内出口及退税等事宜,联营体内部须签订协调合同,并以一家的名义完成发货、出口、收汇、退税等一系列事宜。

目前,中资企业在境外实施铁路建设项目采取多形式的联营体模式。在中泰铁路中由设计院和建设单位组成联合体,根据项目的特点和复杂程度,合理确定牵头单位,并在联合体协议中明确成员单位的责任和权利,既降低了建设单位的风险,也有助于降低项目造价、控制EPC项目概算,平行搭接、加快进度和保障并提升工程质量。由联合体承担设计和施工工作时,联合体内部各方利益一致,一定程度上可以避免该模式下过度设计问题,促进设计、采购、施工一体化协同融合。

匈塞铁路塞尔维亚段项目结合中塞两国的合作协议及欧洲建设管理体系，在联营体模式下优化项目管理机构，创新实施模式。一是在联营体模式下集中国内优质资源，构建、完善实施架构，完成由国内不同法律主体成功转变为国外同一法律主体全专业实施团队的模式创新；二是明确实施机构分工，对外共担履约责任，对内分工协作，以扮演合格角色；三是基于目前新实施模式，积极探索，分析不足，不断摸索优化组织结构及管理模式，以更好地降低实施风险，更好地适应境外铁路建设管理环境。

橙线项目采用紧密型联营体模式，该模式下项目主体合同关系简明，职责定位清晰，有利于建设项目建设管理模式和组织机构形式的有机结合，也适宜国际工程项目采用中国标准、中国设备等建设管理体系和合同关系。而结合巴基斯坦当地政府需求、征地拆迁、自然环境等情况，橙线项目基于联营体模式将土建工程由巴基斯坦当地公司来负责建设，形成了新的 EPC 总承包项目联营体组织构建下的模式。

2 组织结构和管控要点

2.1 组织结构分析

2.1.1 EPC 模式下主体简述和责权明晰

境外铁路 EPC 项目在组建紧密型联营体前期，应充分做好联营体组织结构设计。按照各方紧密型联营体协议约定的比例，组建联营体的企业在双边或多边关系下应组建联营体管理委员会，基于平等、互利、优势互补等原则签订框架协议，明确项目最高决策机构，从而有利于理顺内外关系，协调企业层面对接、商谈等事务。在明确管委会权责后，应结合项目实际设计执行委员会，考虑设置项目经理部或其他管理主体，结合建设项目需要设置部门和岗位，明确项目经理部下各部门岗位职责，对联营体内部管理责任进行划分，并实行同样的管理体系和制度要求。在基于权责明晰的基础上，对项目资源进行统一调配，管理规章制度进行统一制定，外部关系进行统一协调，并对利润分配方案和联营体资金注入方案等进行明确。在做好外部协调和理顺内部关系的前提下，严格雇佣的选择和管理。

在联营体框架协议下成立项目管理机构，双方或多方通过联营体协议约定主要的运作和决策机制，主要组织机构和管理层级为：

(1)成立联营体管理委员会。管委会是联营体的最高权力机构，负责重大事项决策，管委会须明确一方为主导牵头方，选派一人担任联营体管理委员会主席。

(2)联营体组建成立项目经理部，负责本项目除重大事项外的所有决策和管理工作。项目经理部实行项目经理负责制，涉及重要事项由项目经理部管理层进行研究确定。

(3)联营体项目经理部具体实施本项目，负责确定合作单位，所有服务、材料、设备供应商由项目经理部按照制定的采购规则确定。按此原则，在优先考虑前期参与配合投标和询价单位的基础上，引入竞争机制，努力探索项目建设盈利模式。

(4)由联营体各参建单位组成项目部负责现场施工，对所实施的土建工程和机电工程负责。

(5)确定项目建设目标。以合作共赢、质量第一、确保安全为理念，以对中国标准、制造和企业信誉高度负责为宗旨，以优质高效完成建设项目和满足工期进度要求为目标，实现项目一次高标准开通。单位工程验收合格率 100%，主体工程质量零缺陷，一次达到设计开通能力和建设标准。

2.1.2 决策机制和职责划分

紧密型联营体模式下 EPC 项目决策机制主要分为三个层级：联营体管理委员会、经理部总经理办公会、经理部现场制度管理。

1. 联营体管理委员会

联营体管理委员会为最高决策机构，主要批准项目重大事项和特殊事项，主要包括：

(1)批准联营体执行 EPC 合同的整体规划和战略;

(2)批准联营体对 EPC 合同进行的任何修改或补充;

(3)批准联营体账户的开立和关闭及相关账户协议的签署;

(4)就业主或其他第三方向联营体提出的索赔或有关争议问题做出应对策略,以及就接受或拒绝索赔做出决策;

(5)批准联营体项目经理部的组织机构、岗位设置、财务、人事、行政、预算、计划、绩效考核等方面的项目管理细则;

(6)批准协商金额在一定额度以上的本项目设计、采购、施工和服务等合同的签订和额度以上的变更;

(7)批准联营体的利润分配方案,决定联营体资金注入方案;

(8)审定和批准本项目的全面项目预算及年度计划、决算和年度计划执行情况,审定和批准本项目最终结算表;

(9)批准联营体向联营体双方以外的任何第三方支出金额超过额度以上的费用,但按照联营体管理委员会批准的承包商合同规定的付款除外,对业主的土建付款除外;

(10)批准部门设置和部门负责人任命;

(11)其他需提交联营体管理委员会批准的重大事项。

联营体协商机制的建立:根据铁路 EPC 项目合同的实际执行情况,联营体双方可以经协商一致对需由联营体管理委员会批准的重大事项的范围进行修改。在联营体管理委员会成员无法就重大事项达成一致时,联营体双方应将该事项提交双方或多方上级公司高层领导讨论决定。经双方或多方高层领导讨论达成一致的意见,联营体管委会应遵照执行。

2. 经理部总经理办公会

对于联营体经理部总经理办公会,经理部领导班子为执行机构管理层,具体落实联营体管理委员会批准事项,办公会批准决策经理部日常经营重大事项,主要包括:

(1)提出和落实联营体执行 EPC 合同的整体规划和战略;

(2)提出和落实联营体对 EPC 合同进行的任何修改或补充;

(3)提出和落实联营体项目经理部的组织机构、岗位设置、财务、人事、行政、预算、计划、绩效考核等方面的项目管理细则;

(4)上报金额在一定额度以上的本项目设计、采购、施工和服务等承包商合同的变更;

(5)上报联营体的利润分配方案和联营体资金注入方案;

(6)上报本项目的全面项目预算及年度计划、决算和年度计划执行情况,审核本项目最终结算表;

(7)提出部门设置和部门负责人任命的建议;

(8)提议其他需提交联营体管理委员会批准的重大事项,以及批准其他重大日常经营事项;

(9)研究确定项目管理的制度和措施。

3. 经理部现场制度

项目经理部下设各项目部,根据相关制度在授权范围内落实项目管理的各项日常工作,对现场进度、安全、质量、工期等负责。

2.1.3 组织结构概述

1. 业主、监理和设计

匈塞铁路塞尔维亚段业主层面主要为塞尔维亚建设交通和基础设施部及塞尔维亚铁路基础设施公司，管理监督审查层面主要有塞尔维亚铁路总局（DeBo 认证机构）、匈塞铁路管理中心（塞铁技术团队）和 NoBo 认证机构，监理为德国 DB 公司，设计为中国铁路设计集团有限公司和塞尔维亚 CIP 公司组成的联合体。

橙线项目业主为巴基斯坦旁遮普省快速公交公司，监理为巴基斯坦监理公司 NESPAK 与中铁工程设计咨询集团有限公司组成的联合体，项目设计由中国铁路设计集团有限公司负责。

2. 联营体内部层级

匈塞铁路塞尔维亚段项目由中国铁路国际有限公司和中国交通建设股份有限公司组成联营体，橙线项目由原中国铁路总公司与中国北方工业有限公司组成联营体管理委员会，分别形成铁总国际-中交联营体和铁总-北方联营体构架承担 EPC 总承包合同的权利和义务。

根据匈塞铁路塞尔维亚段项目和橙线项目建设的实际情况，为构建清晰的组织机构关系，联营体管理委员会下成立项目经理部，负责项目除重大事项外的所有决策和管理工作，并根据具体实施 EPC 合同的工作内容确定服务、材料和设备供应商。在决策机制方面，结合项目实际明确管理层级，理顺内部关系，从而明确组织机构、岗位设置、人事、财务、预算、绩效考核等方面的管理细则。其次是优化整合资源和优势叠加，实现对项目的优势叠加和互补。在匈塞铁路建设中，中国铁路国际有限公司主要统筹协调各参建单位现场管理，侧重于质量、安全和进度等，中国交通建设股份有限公司侧重于政府对接和计划合同等方面。匈塞铁路塞尔维亚段项目组织结构如图 2.1 所示。

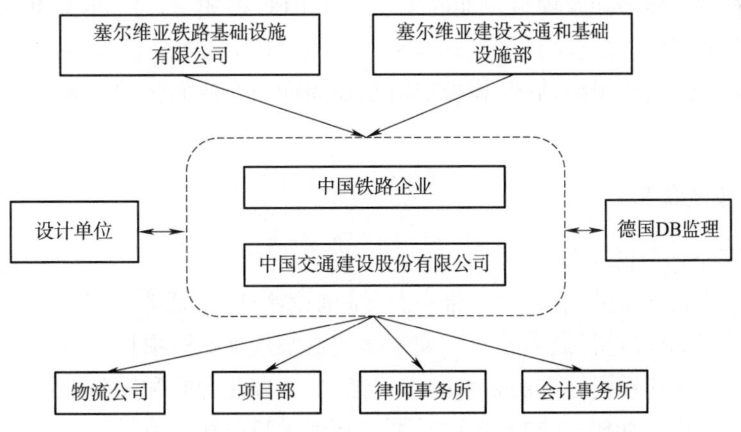

图 2.1 匈塞铁路塞尔维亚段项目组织结构

在橙线项目建设中，基于联营体下两个公司整合资源和优势叠加，中国铁路企业主要侧重于调动国内建设资源、政府对接、现场管理等方面，北方国际合作股份有限公司侧重于商务、物流等方面，在办理现场注册等方面具备优势。在联营体组织框架下，由负责机电工程的单位组成项目部负责现场机电工程安装和调试，主要为通信、信号、电扶梯、暖通等。联营体成立机电工程部和土建工程部，分别负责对业主和土建公司的协调。橙线项目组织结构如图 2.2 所示。

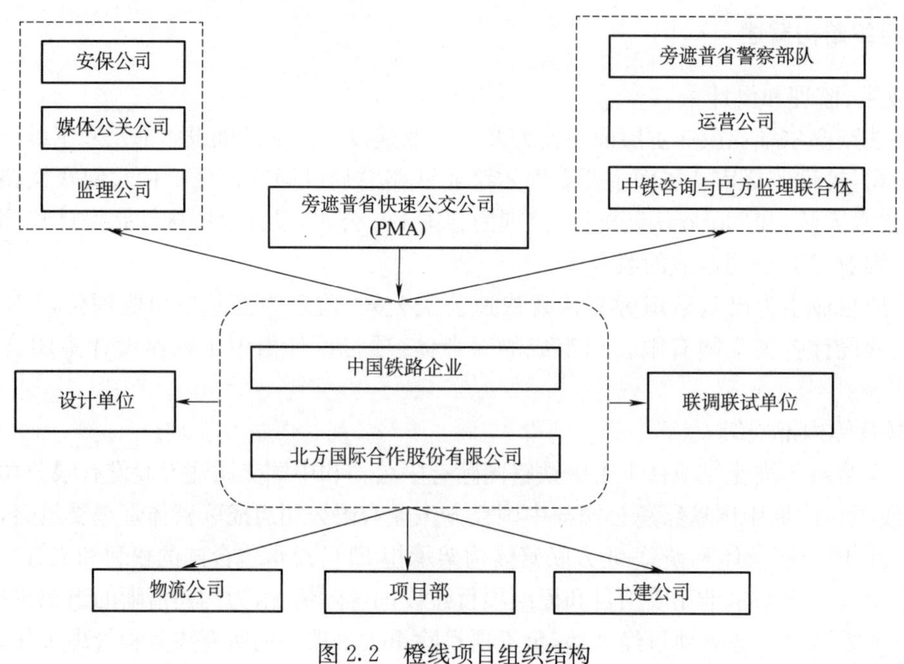

图 2.2　橙线项目组织结构

2.2　组织结构特点

在境外铁路项目采用的传统模式中，业主通常把设计和施工任务分开完成，在完成设计工作的前提下，施工承包商按照设计图纸完成施工任务。在大型基础设施建设项目中，设计单位与施工单位的阶段分离会导致项目工期的延长。在 EPC 模式下，总承包商负责设计、采购、施工和试运行的全部工作，采用联营体模式有利于规避风险，能充分发挥不同企业的优势资源。联营体各参与方通过优化组织结构，积极应对建设周期内企业面临的不确定性，实现企业利益的最大化。

2.2.1　联营体模式优势

1. 资源共享下的资源互补

中国企业构建联营体模式参与“一带一路”基础设施建设，通常会结合合作方与自身的优势，集中各自的优势资源进行强强联合。如匈塞铁路塞尔维亚段项目组成联营体的双方，一方具有安全、质量、工期和投资等方面管理的丰富经验，一方在合同和风险控制方面经验丰富，共同执行项目合同和建设管理，共同实施项目可以起到优势叠加的效果。

2. 互信基础上的应对能力

组成联营体各方在项目建设期内有着一致的目标，联营体管委会须对组建的项目经理部充分授权，充分信任，保持步调一致。特别是在建设期内因所在国政治、经济、公共安全、公共卫生突发事件等外部环境，以及业主苛刻或其他原因引起的工期滞后、进度缓慢、安全质量问题等，通过联营体组织构架的优势，调动和发挥各企业优势资源，通过充分授权和明确决策流程和程序，在尊重各项目部的建议和意见的基础上，能做到迅速决策，快速解决问题，有效应对复杂局面，从而提高项目执行效率。

3. 合理选择联营体类型，组建高效组织结构

在项目前期，组建联营体组织机构应充分考虑项目所在国的外部环境、项目特点及业主需求选择联营体类型，合理设置决策层和执行层，决策层可考虑各方派遣一人，并由联营各方按股比确定董事会、监事会和总经理层。如在橙线项目前期，结合巴基斯坦当地政府、业主需求和项目特点，选择成立紧密型联营体管理模式，简化繁琐的注册登记手续，避免验资、年检等企业法人应进行的程序，在节约时间的同时也节省了资源。同时，结合业主和业主代表方的工作特点，合理设置高效的项目管理部门，可根据项目进展、特点和需求，设置安全质量部、土建工程部、机电工程部、合同商务部、财务综合部和物流综合部，保证人员的高效运转，从而减少项目管理成本，提高项目效益。

4. 培育企业文化，提升团队能力

由于 EPC 项目多数为大型基础设施项目，联营体模式下具有参建企业较多、涉及专业范围较广、参建人员数量较多、区域跨度较大等特点，在此基础上，国际工程项目还需招聘大量属地化员工、劳务，存在着不同企业文化的差异。在项目组建后，应基于依法合规、尽责守信和项目利益最大化的原则，培养联营体项目企业文化，通过尊重所在国宗教、文化信仰，分层级搭建文化沟通桥梁，及时促进不同国别人员之间的文化融合，及时沟通化解矛盾，使项目团队充分理解和融合联营体管理理念，从而可以培养出执行力强、爱岗敬业的国际化团队。

5. 因势利导、优势叠加推动项目实施

在项目建设全生命周期内，联营体在执行管委会的决策中，在处理资金、资源和管理等方面应做到公平、公正和公开。在资金方面，应严格执行管委会和项目经理部的相关决议和制度，依据按合同付、制度控、流程办的原则，从预付款、进度款、现场资金以及联营体产生的各项费用等方面，坚持按照规定严格管理，特别是在制定现场垫付资金额度、为参建单位提供资金保障等方面，应按照既定流程进行决议和批准。在资源使用方面，组建联营体组织结构过程中，应整合联营体双方的优势资源，使双方相对优势的资源对项目发挥更大的作用，实现优势叠加和互补，特别是在项目管理的关键环节，如选择及单价核定、合同管理和风险管控、安全质量和进度控制等方面，应形成优势互补的管理机制。

2.2.2 EPC 模式下的承包商风险

与传统模式相比，EPC 总承包商在联营体模式下承担了较高的风险。

1. EPC 项目分包商的选择和管理风险

目前，在国际工程分包商的选用方面，大致分为业主指定分包商和总承包商雇佣的分包商。在项目实施过程中，联营体对分包商的选择和管理将决定着 EPC 项目总体的成败。对于框架内合作项目，在项目前期谈判过程中，基于不同出发点的考虑，谈判双方有时需要找到项目合作的平衡点，在分包商使用方面，总承包商通常会考虑业主的要求，这为项目在执行阶段总承包商对分包商的管理带来一定难度。例如，在设计方面，沙特麦加轻轨铁路项目是中国企业在海外第一次采用 EPC 模式建设的铁路项目，也是中国铁路走向伊斯兰国家的一项窗口工程，该项目由业主指定土建和系统设计分包商，从而导致由于设计环节管控薄弱而产生较大风险。在土建分包商管理方面，橙线项目土建工程由巴基斯坦建筑公司作为承包商，在土建进

度、安全、质量等方面管控力度较弱，接口工程受到土建的影响，从而对项目整体的实施带来一定风险。沙特麦加轻轨铁路项目土建在工期方面的延误也成为项目工期超过竣工时间节点的重要因素。

2. 联营体类型的选择和内部管理风险

根据国际工程项目联营体的组成和特征，联营体主要分为融合性联营体、合伙型联营体和混合型联营体。目前，在国际工程 EPC 项目中适宜采用合伙型联营体，在优势互补、资源配置、风险共担等方面利于发挥联营体优势。在项目实施过程中，联营体模式在框架结构的顶层设计、项目的权利、风险、责任、收益以及在内部雇佣分包商的选择等方面，都容易因沟通不到位而导致分歧，从而导致项目在执行阶段的不可控风险。

2.2.3 关键环节

1. 充分了解并谨慎选择联营体合作伙伴

中国企业在“走出去”过程中呈现出合作与竞争共存的趋势。在 EPC 项目前期中国企业组建联营体过程中，需注重联营体伙伴的选择。合作伙伴的选择应基于资源共享、优势互补和风险分担的原则，保持谨慎的态度加强相互了解，对企业资质、行业属性、财务状态、技术专长、管理能力、社会关系等方面进行充分考察，对责任和风险划分进行详细研究，选择并争取资源和机构互补、目标兼容、信任度较高的合作伙伴。

2. 顶层设计和内部责任的划分是关键

联营体组建前期，应充分做好联营体顶层设计，在组织机构方面，一是组建联营体管理委员会，签订联营体框架协议，明确最高决策机构；二是设置项目经理部，明确各部门岗位设置，对财务、人事、预算、计划、绩效考核等方面管理细则进行梳理，对内部管理中安全、质量、工期等责任进行划分；三是做好内部协调，进行统一调配资源，统一管理规章制度，并对利润分配方案和联营体资金注入方案等进行明确；四是加强内部沟通协调，严格雇佣的选择和管理。

3. 实行精细化的过程控制

应高度重视设计管理、合同管理、物流及出口退税管理，在管理过程中应严格明确各种交界面和接口管理，充分利用和发挥设计优势，深入研究、分解、细化各阶段的设计任务，做好中国标准关键条款翻译和诠释，加强技术对接、交流，建立和研究联营体模式下出口退税管理，利用联营体合作单位的资源优势、组织优势和技术优势，预防和化解项目实施过程中各阶段的潜在风险。

4. 确保主体协调下实施项目的优越性

在联营体模式实施过程控制中，在保证项目安全质量的前提下，可运用综合管理的手段，充分发挥在总承包一个主体协调下实施项目的优越性，在保证各阶段进度合理周期前提下，设计提前介入、接口管理提前介入，尽量使进度深度交叉，从而缩短项目建设周期。

2.3 管控要点

针对境外铁路项目具有规模大、复杂程度高、技术难度大等特点，以及项目所处的外部环境存在政治、法律、经济、社会及技术等的不确定性，中国企业在经营管理过程中面临着多种风险。这就需要企业在实施项目时注重项目关键管控点的管控，从而实现项目的预期目标。在项目建设中，企业应对境外铁路项目的关键管控点进行分析和梳理，对前期管控、执行阶段等关键环节进行过程控制，促进境外铁路项目建设和运营工作的开展。

2.3.1 项目筹备和建设前期

在项目筹备和建设前期，可超前定位、科学筹划、开篇布局谋思路，遵循“一分解、两优化、四引入、四谈判”的原则。

1. 坚持风险分解原则

EPC 总承包项目风险因素多且关系错综复杂，不同因素导致风险的程度不同，且与外界交叉影响呈现层次不同。在国际工程项目全生命周期内，应考虑建立项目风险分解结构。结合 EPC 项目的风险特点，对 EPC 项目的风险识别方法进行研究，如将项目管理工作分解结构（Work Breakdown Structure，WBS）引入到 EPC 总承包项目的风险管理，建立 EPC 总承包项目的风险分解结构（Risk Breakdown Structure，RBS），从而利于风险管理贯穿项目管理过程。

对于联营体模式下 EPC 项目前期风险管理，风险分解主要为分解前期 EPC 项目合同项下责任和风险，可通过签订承包商合同和购买保险等方式进行转移。在前期招标组织及工作流程中，应严格制定招标方案、编制招标文件、组织招标和投标评审等流程，并充分考虑物资运输安全、施工安全、人身安全三种风险，可购买货物运输一切险、安装工程一切险和第三者责任险。

2. 遵循“两优化”原则

（1）优化管理模式和决策机构。在项目前期，应充分研究所在国税制、公共安全形势等因素，并依据框架协议成立项目管理机构，通过协商明确项目的运作和决策机制，实现项目建设目标。匈塞铁路塞尔维亚段联营体项目由中国铁路国际有限公司与中国交通建设股份有限公司组成联营体管理委员会承担 EPC 总承包合同的权利和义务。联营体管理委员会下成立项目经理部，负责项目除重大事项外的所有决策和管理工作，并根据具体实施 EPC 合同的工作内容，确定服务、材料、设备供应商。在决策机制方面，须结合项目实际明确管理层级，理顺内部关系，从而明确组织机构、岗位设置、人事、财务、预算、绩效考核等方面的管理细则。

（2）优化整合资源和优势叠加，实现对项目的优势叠加和互补。匈塞铁路塞尔维亚段联营体项目在整合资源和优势叠加方面，中国铁路国际有限公司主要侧重于调动国内建设资源、政府对接、现场管理等方面，中国交通建设股份有限公司侧重于商务合同等方面，在熟悉塞尔维亚建设市场等方面具备优势。

3. 探索“四引入”机制

在高风险国家和地区建设铁路，可探索“四引入”机制。

（1）引入保险经纪公司，遵守当地保险法律法规。保险经纪公司熟悉项目所在国保险行规，具备行业资源，在保险工作实施过程中，能实时提供专业化的保险建议。同时，由于保险理赔工作相对复杂，由保险经纪公司对理赔具体工作进行跟踪处理，有助于提高理赔案件处理效率。

（2）引入安保公司。联营体机构成立“公共安全部门”，设立公共安全“安全官”，直接负责对中方员工和对驻地警察的管理。境外铁路项目如地处高风险地区，公共安全形势严峻，从源头建立风险管理机制，着重预警、预制应急预案，建立信息联通机制，逐步加强应急指挥或应急演练。

(3)引入监理公司,加强现场安全质量风险管控。联营体可引入监理公司,对土建作业、机电系统、车辆监造等关键环节进行管控,督促各参建单位树立安全质量红线意识,并探索联营体模式下监理与业主监理工作协调机制,形成合力,促进现场安全质量风险的管控。

(4)引入公关公司,加强公共关系领域的公关能力,增强应对海外新媒体的危机处置能力,从而及时和有效地预防、处理和消灭危机事件及其不良影响,达到传播沟通、协调关系、树立企业形象的目的。

4. 重视前期谈判

项目前期协商谈判集中在技术方案、施工组织设计、商务合同条件和价格四个方面。对于政府间合作框架协议项目,应重视业主和咨询方主导的限额协商,需要总承包商基于招标文件对项目的功能需求,明确技术标准,对不采用中国标准和规范的,可制定技术偏差表和商务偏差表,并结合现场地质条件、用工情况、材料采购、机械设备状况等因素进行谨慎测算成本。关于设计工程量的核查,可对项目采用的技术标准、设计方案、施工组织及工艺、工程量清单等进行详细沟通,并在工程量基本达成一致的基础上进行价格协商。

2.3.2 项目执行阶段

1. 充分发挥 EPC 模式下的设计优势

境外铁路项目设计过程大致分为项目前期阶段、投标或议标阶段、实施阶段和后期服务阶段四个阶段。一是对采用中国标准的项目,可考虑中国标准与所在国当地标准、影响因素的融合,概念设计应充分与所在国宗教风俗习惯融合,展示中国铁路设计最高水平和先进设计理念。二是应充分考虑项目模式和业主要求,对设计伙伴单位提供的设计方案应该进行审核优化。三是应在项目前期加强对设计规范的理解,避免对业主要求理解产生偏差,或设计参数选用不当,设计成本考虑漏项等问题。四是应加强技术对接、交流,在确保项目安全、质量、进度和成本控制的前提下,完成施工图设计、审核、优化并通过监理工程师的审查。

2. 有效规范合同管理

中国企业作为总承包商组建联营体,一般需要注重角色定位,对业主而言是乙方和承包商,对参建单位来说,联营体为甲方并处于"准业主"的地位。结合联营体作为总承包商的特殊位置,在合同管理方面,可遵循"名词精准、尺度适宜、内外有别"的合同管理思路。

境外铁路项目合同条款一般包含主体之间利益的相互制约和相互促进,须通过合同条款表现,存在不是对抗也非完全一致的联系,在项目合同管理时应把握利益的恰当限度,从而推进项目顺利建设和实现共赢。在对外合同管理方面,应坚持合同双方的权利和义务,充分诠释且基本对等的原则,合理处置在项目实施过程中对合同条款理解存在的争议、分歧,加强沟通和建立协调机制。在对内合同管理方面,需要客观认识国际工程系统多、系统间接口复杂等特点,在合同划分及现场协调中需体现一定的灵活性。同时,应规范合同管理,总承包商应与业主、监理建立统一标准工作流程和文件模板,保证文件的准确性和一致性,而规范合理的工程量清单直接影响货物发运、联营体对外、对内验工计价等工作。在 EPC 总承包合同的准确性方面,应确保合同中关键名词的界定。

3. 加强物流管理

物流管理是项目结算计价、收汇和退税等环节的前提。境外铁路项目物资设备具有货物种类多、生产厂家多、中转环节多等特点,均以散件杂货和集装箱两种形式运输,可从五个方面加强管控。一是加强物流组织管理，制定科学合理的装卸装运方案，最大限度利用运输能力和装载空间，减少中间环节费用，降低清关费用和港口堆存费用。二是需要重点跟进物流控制及责任区分，包括发运、转运及接运现场。三是对关键物资设备进行重点管理，大型设备方面包括轻轨车辆、调车机等，超长尺寸包括钢轨、龙门吊主梁等，精密仪器包括通信信号设备等。四是做好国内与国外现场的接洽工作，项目现场应与国内生产进度双向沟通、确认，控制每批次物资设备发运数量和种类，并根据项目进展适应调整。

4. 强化施工管理

境外铁路项目施工管理一般包括施工流程、验工计价、投资控制等，需要严控现场资源配置，强化现场组织协调，积极与业主沟通。例如橙线项目土建工程（含详细设计）返业主实施，联营体主要从机电工程与土建工程的接口管理、技术文件管理等方面加强施工管理。

在质量管控方面，为确保重点机电工程设备质量管控，联营体应安排专业工程师驻厂监造，对电扶梯、机车车辆和场段工艺设备等大型设备质量进行过程控制。同时，完善驻厂监造制度，制定驻厂监造流程，重点监控关键零配的质量检查，严控出厂检验试验等；加强设备的检查检验，将厂检工作关口前移，由监理工程师、设计、参建单位、供货商共同参与检验。

在技术管理方面，结合 EPC 合同要求编制用户需求书，选定系统，编制指导性施组文件，在技术规格书获得业主批复后，选定设备生产厂家。在编制指导性施组过程中，应与业主进行深入探讨和交流，掌握业主的真实意图，并做好现场调研，对技术规格书所涉及的标准和规范进行仔细甄别，确保物资设备的各项技术参数与技术规格书相对应，保证技术规格书接口描述与 EPC 合同的接口表一致。

在接口管理方面，主要集中在深化合同接口表、明确接口图纸流程等，按照合同接口表表述原则，梳理和细化土建与机电接口工程清单，明确界定预留预埋材料提供；加强接口图纸交流，保证图纸准确性和可实施性，避免出现内部设计冲突或者不相匹配的情况，保障接口设计与土建工程设计的匹配性和完整性审查。

5. 探索出口退税管理

国际工程出口退税具有时效性、准确性、专业性等特点，联营体模式下出口退税管理属于需要探索的新领域。国际工程通常涉及大量设备出口，出口退税收益占比很大，出口退税顺利实施关系着项目的成败。出口退税难点在于联营体模式下项目合同的签署方不止一家企业，导致项目设备出口、收汇以及增值税发票开立对象不一致，采用一般通用方式进行出口退税无法操作。可研究制定出口退税实施办法和管理流程，在与国内税务机关沟通协调的前提下，采取代理模式和采用双抬头报关单，分阶段对各环节工作进行详细分解，并对每个环节进行时限控制，从而提高退税效率。

3 第三方市场合作

第三方市场合作主要是指中国企业(含金融企业)与有关国家企业共同在第三方市场开展经济合作。作为开放包容的国际合作模式,第三方市场合作有助于中国企业和各国企业优势互补,共同推动第三国产业发展、基础设施水平提升和民生改善,有助于高效配置全球资源、重塑全球分工体系、推动全球治理体系革新。在可持续发展的前提下,通过加强境外铁路项目参与区域基础设施建设,可以促进市场的深度融合以及资源的高效配置,有利于构建多层次和复合型的区域经济合作架构。

3.1 概　述

第三方市场合作来源于 2015 年 6 月中法两国政府正式发表的《中法关于第三方市场合作的联合声明》,这一概念的提出开创了共建"一带一路"国际合作的新模式,旨在将中国的优势产能、发达国家的先进技术和广大发展中国家的发展需求有效对接,深刻诠释了"共商、共建、共享"的治理理念,有助于在双边和多边机制层面突破结构性瓶颈,成为"一带一路"的新动能,对于推动中国产业迈向高端水平、促进发展中国家工业化和经济发展、助力发达国家开辟互利共赢新空间都具有重大意义。在新的世界格局及复杂多变的国际环境下,开放包容的合作模式有利于企业在"一带一路"中实现互利共赢,从而实现对传统基础设施建设项目模式的创新和突破。

中国企业组建联营体在参与第三方市场合作中,部分企业存在国际化管理经验欠缺,应对国际复杂政治、经济和文化环境下风险管控能力不足,以及与合作伙伴因文化差异而导致沟通协调难度较大的问题。这就要求企业应坚持精益管理,在夯实企业基础和降低风险的前提下,确保企业核心竞争力优势明显,内部治理和资源配置到位。复杂多变的国际工程环境对企业提出了更高的要求,不仅需要具备丰富的商务合同和建设运营的经验,而且需要具备较强的适应能力、资源协调和调配能力,以及提高应对复杂项目模式的管理能力。此外,企业还应积极参与和确立在三方合作中的主导地位,通过企业在技术方面的快速发展,争取在所在产业中的取得较大的影响力,获得话语权,从而在参与国际市场竞争中树立良好的品牌形象。

"一带一路"倡议下境外铁路项目全产业链输出的发展趋势日益增加,需要中国企业在复杂多变的国际形势下,通过寻求第三方市场合作不断开辟国际合作新空间,创新铁路第三方市场合作模式,发挥资源互补、差异化优势互利和国际化管理经验互促,推动和提升铁路高质量发展的速度和水平。同时,在参与第三方市场合作中,也需要企业系统规划和责权利清晰,对所在国政治、经济、文化和宗教等进行深入调研和前期论证,依法合规规避国际化风险,从而确保共商共建共享。

随着国际金融和资本市场不断出现动荡变化,世界经济增长速度预期被主流国际主要评级机构调低。这更需要中国企业在寻求第三方市场合作中不断开辟国际合作新空间,创新境外铁路项目管理和运行模式，与合作企业在管理和技术等方面进行有效衔接，通过联合竞标和联合运营等方式，发挥优势叠加和互补的理念，依法合规规避风险，促进三方合作期间文化融合，充分发挥中国企业齐全的产业要素和全产业链的规模优势、技术优势和成本优势等，实现风险和利益共享。

3.2 优势叠加与资源整合

境外铁路项目构建第三方市场合作应基于优势叠加、资源共享和模式创新。在“一带一路”倡议下铁路合作项目建设和运营中，部分基础设施建设项目位于风险较高、经济发展较为落后地区，可以通过第三方市场合作，把中国在基础设施领域的建设管理、融资和市场开发、装备制造和运营管理能力等优势，与国外企业优势互补和资源共享，促进企业在境外铁路项目中联合投标、建设和运营。同时，在第三国实施境外铁路项目建设运营，除联合第三方企业通过组建联营体参与 EPC 总承包、联合竞标等模式外，应在因地制宜基础上高度重视对第三方市场合作模式的创新。

在工程合作类方面，中国企业与外方企业通过联合竞标等方式，共同在第三方市场开展项目。例如，埃塞俄比亚吉布 3 水电站项目，中国东方电气集团有限公司获得设备供应订单，意大利公司承担土建工作；黎巴嫩大贝鲁特供水工程是中国中铁股份有限公司(以下简称中国中铁)同意大利 CMC 工程公司在黎巴嫩贝鲁特市开展的第三方合作市场建设项目，旨在解决当地用水问题，中国中铁作为主要设备供应商参与该项目盾构机供货。

在秘鲁地铁项目中，由于秘鲁首都利马是世界上人口密度最高的城市之一，政府规划了 6 条地铁，该地铁国际化程度较高，通过开展第三方市场合作，中国企业充分发挥了技术经验优势，韩国公司发挥管理和国际化运营经验，秘鲁公司发挥丰富的法律方面优势，通过优势叠加使项目管理更加专业和规范。

在厄瓜多尔赛博医院项目中，中国电力建设股份有限公司携手西班牙企业仅用 14 个月建成赛博医院，改善了当地医疗条件，受到当地政府和民众的一致认可和好评，这是厄瓜多尔医疗发展史上的崭新一页，是中国企业“走出去”在当地积极履行社会责任的见证，也是中厄两国人民往来和友谊的见证。

莫桑比克马普托大桥及连接线项目是中国路桥工程有限责任公司承建的非洲第一大悬索桥，德国 GUAFF 公司作为监理咨询单位参与合作，参与项目的设计咨询、施工监督及质量安全控制工作。项目建设期间累计为当地创造了 3 788 个就业岗位，为当地培养各类技术工人 5 000 余人，成为莫桑比克培养本土产业工人的大学校。横跨马普托湾的马普托大桥以超过 3 km 的全长和 680 m 的主跨成为非洲领先的悬索桥。该桥极大地便利了马普托湾两岸交通，成为莫桑比克纵贯南北、连接南非的交通主干道的重要组成部分。

橙线项目由原中国铁路总公司和中国北方工业有限公司联合承建，2020 年 2 月 25 日，橙线项目运营维护合同正式签署，由北方国际合作股份有限公司、广州地铁集团有限公司和大宇巴基斯坦快速巴士服务有限公司组成联营体承担 8 年的运营维护工作。运维合同是基于优势互补、经营需求和合作意愿，以“利益共享、风险共担”为原则，中国企业和大宇巴基斯坦快速巴士服务有限公司组成优势互补的三方联营体。大宇巴基斯坦快速巴士服务有限公司是韩国与巴基斯坦合资组建的大巴运营商，考虑到大宇公司在本地的交通运营的经验较为丰富，与旁遮普省政府和业主具有较好的沟通和协调优势，且属地运营需要熟悉市场规则、具备所在地经营资源的成员企业，相较其他巴基斯坦公司具有较丰富的属地资源，中方企业在组建运维团队时选择其成为合作伙伴。北方国际合作股份有限公司在建设期全程参与了橙线项目商务谈判，对项目的外部环境和内部实施情况较为熟悉。广州地铁集团有限公司是具有成熟运营经验的城市轨道交通运营商，在地铁线路运营维护和城轨运维咨询服务方面具备丰富的技术实力和人才储备。运营期间，广州地铁集团有限公司将成熟的运营经验应用到橙线项目，迅速开展标准建立、建章立制、人员培训和运营调试等工作。期间，完成了近 3 000 个专业名词的统一，建立了 120 余项规章制度，编制了英语培训教材，拍摄了教学视频，在 90 天内完成了司机、站务和检修等 1 000 名巴基斯坦当地员工的组织招聘，并累计完成 34 万小时的培训工作，确保巴基斯坦籍管理人员日常测试通过率高达 98%，为项目运营筹备奠定人才基础。

3.3 统筹规划与责权明晰

境外铁路项目构建第三方市场合作应系统规划和责权利清晰。由于所在国业主对境外铁路项目需求和理解的差异性，中国企业在境外铁路项目实施过程中，应分阶段、分层次地处理好建设和运营不同阶段商业伙伴的选择。同时，境外铁路项目应对联营体模式下管理机构和责权进行明晰，在组建联营体过程中应根据企业自身特点和优势，合理优化企业成员之间的优势资源。

在管理机构统筹规划方面，橙线项目合理设置运维团队组织架构，运维项目部管理层分设总经理、财务总监、人力行政总监和运维总监，并结合联营体协议、工作职能和工作范围在前期初步筹划和设置部门。其中，北方国际合作股份有限公司主要负责商务部和财务部，广州地铁集团有限公司主要负责安全技术部、运营管理部、设备维护部、车辆部，大宇巴基斯坦快速巴士服务有限公司主要负责人力资源部、后勤保障部和安保部等，如图 3.1 所示。

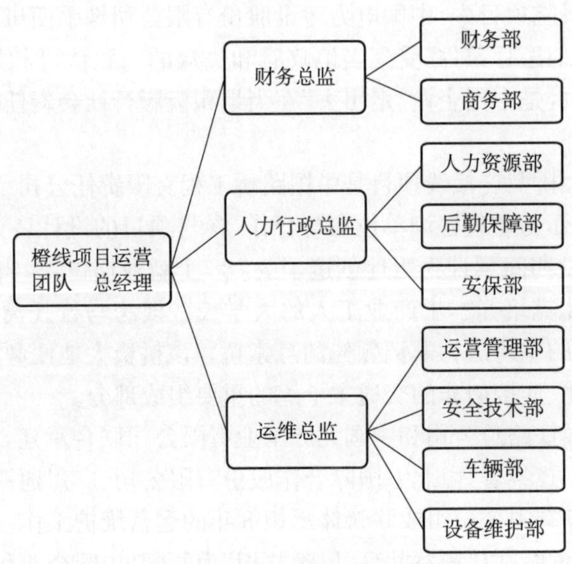

图 3.1 橙线项目运营团队组织机构

在分工协作和责权明晰方面，依据联营体前期合作协议，梳理筹备期主要工作内容，各成员方基于自身优势牵头相关工作。北方国际合作股份有限公司参与EPC总承包项目建设，具备较好的业主关系和丰富的合同管理经验，主要牵头EPC项目与运维工作接口沟通协调、业主关系维护、承包商合同管理和备品备件采购等工作。广州地铁集团有限公司拥有丰富的城市轨道交通运营维护技术和经验，牵头规章编制、人员培训、信息系统建立和技术管理等工作。大宇巴基斯坦快速巴士服务有限公司作为当地大型公共交通运营企业，具备丰富的本地资源及公共关系，牵头巴方员工招聘和管理、后勤和办公条件建立，以及其他承包商的沟通等工作。

在优化创新项目模式和分阶段合理利用资源方面，结合业主对项目的实际需求，作为参与建设阶段团队和运维阶段团队的主导方，可以充分利用建设团队和运维团队资源。特别是在建设和运维交接期间，主导方可以较好地协调业主、建设团队、广州地铁集团有限公司和大宇巴基斯坦快速巴士服务有限公司的社会关系和属地资源，提前介入项目联调联试和试运行。同时，由于巴方业主基于成本考虑和对运营模式的不同理解，对运维合同进行了分解，三家巴基斯坦当地企业参与运维，负责安保、清洁和自动售检票系统工作，这就需要企业在构建第三方合作中创新与业主、联营体协议框架内合作伙伴之间的关系，特别是商务合同和协调机制。

3.4 组织协调与规避风险

境外铁路项目构建第三方市场合作应提升应对复杂政治关系、经济环境、文化差异及突发事件的能力。由于国际工程受所在国政治、经济和文化的约束及突发事件的影响，中国企业在参与第三方市场合作中，应建立市场调研和风险规避机制，提升应对复杂环境和模式下的组织协调能力，同时，应高度重视第三方合作伙伴建立联营体的履约能力，以及联营体伙伴之间合作关系可能存在的风险因素。

1. 合理规避风险

中国企业选择合作伙伴应保持谨慎的态度，应充分对第三方合作伙伴进行了解和选择。在合作前期应对第三方公司的资质、财务状况、企业信誉、管理能力和社会关系等进行详尽的考察。在组建联营体和签署联营体协议过程中，应对责任的界定和风险的划分进行详细研究，应以社会关系管理经验和技术资源等较佳、目标兼容、企业文化相近和信誉度较好的公司作为合作伙伴。

2. 提高商务合同能力

企业在构建第三方合作时应充分结合建设和运维周期不同阶段的特点，提前介入各阶段合作伙伴的选择，以及商务合同的审核和签订。同时，在企业开展调研和考察等开发阶段，应对所在国同行业企业做好调查和分析，建立和维护好第三方国家的伙伴资源。合作伙伴的选择和商务合同的签订应坚持风险分担的原则，结合不同的第三方合作企业、不同的项目阶段风险特点，因地制宜和分类施策，分阶段做好风险的管控。

3. 建立矛盾协商机制

联营体三方成员之间因企业文化、经营理念、工作思路等不同，在项目的实施过程中易发生目标不一致、矛盾冲突等，进而对项目的建设或运营产生不利因素。项目前期应高度重视内部合同或联营体协议的签订，在项目建设和运营过程中及时纠偏和密切沟通，从而确保企业之间降低风险和保持目标一致。

4. 加强组织协调能力

以橙线项目为例，其运维模式与其他境外铁路项目运维相比具有差异性，企业在运营期内需要协调负责安保、清洁和自动售检票系统的三家当地企业，需要加强对不可预期的风险管控，提升应对复杂环境和模式下的组织协调能力。

5. 提升应对突发事件的能力

项目在运维期内可能会面临严峻的安全事件，需要企业不断提升应对恐袭和社会治安事件的能力。运维团队运维筹备人员须在短时间内完成招聘和培训、物资进场、规章编制等工作，这需要不断创新突发事件下的工作模式。

3.5 文化融合与企业形象

境外铁路项目构建第三方市场合作应促进文化融合、提升企业形象和履行企业责任。构建第三方合作是企业在海外的新型企业组织模式，在组建联营体的过程中打破了企业之间的有形界限，需要充分利用多方资源促进文化融合，消除可能存在的文化差异、冲突和难以融合的问题，形成良好的联营体文化氛围，提升企业在当地的形象和品牌，从而确保联营体秩序和团队建设稳定，实现优势叠加和利益均衡。

1. 文化融合

文化是境外铁路项目建设和运营的源动力。在国际工程项目全生命周期内，项目文化是由共有目标、信念、价值观及处事方式等组成的其特有的文化形象。在第三国实施项目，由于联营体各方来自不同国别，有着不同的传统文化，导致联营体内部存在较为明显的文化差异。而文化差异对于三方合作伙伴深度合作有着较大的障碍，容易导致内部员工的冲突。这就需要中国企业和合作伙伴一是增强企业成员之间的亲和力、吸引力和凝聚力，在思想上和团队意识上高度重视联营体文化建设；二是将联营体制度、行为、精神和物质四个层面作为文化建设的框架，从建设和运营阶段形成项目全生命周期和全方位的管理文化、品质文化和服务文化等；三是通过表彰、奖励及文娱活动等文化仪式，重点培育和融合管理制度、行为准则、价值观念、文化观念和环境、企业精神和道德规范等，使联营体各成员形成统一的价值观。

2. 提升企业形象

境外铁路项目运维团队在项目运营筹备和运维期间，通过提供高质量的运营服务，展示企业在装备制造、通信信号等方面的优势，会给第三方国家树立良好的企业形象。

(1)积极塑造三方联营体的外在形象，可通过聘请当地媒体公关公司做好正面企业形象的宣传和负面舆情的控制，借助当地新媒体、报纸刊物等有影响力的媒体提升项目的知名度。

(2)积极塑造联营体合作伙伴之间的内在形象，如提升在企业文化、团队精神、所在国社会信誉、维保服务等方面的形象，同时，强化企业办公环境、营业场所环境和员工着装等方面的内控要求。

3. 企业责任

境外铁路项目通过构建第三方市场合作，落实“共商、共建、共享”理念，坚持高标准、惠民生和可持续发展的原则，在设计、制造、建设、运营维护等全产业链完整输出，促进区域资源要素流动，推动和改善第三方国家基础设施，保障项目沿线地区产业的快速发展。橙线项目在建设和运营期间聘用了大量当地人员参与建设和运营，积极开展职业培训培养专业技术人才，为旁遮普省创造了大量就业机会。项目投入运营后，向巴基斯坦民众提供先进、高效、安全的交通服务，使巴基斯坦拥有南亚最先进的城市轨道交通运营体系，推动当地社会经济发展，为城市现代化可持续发展注入新动能。

随着“一带一路”倡议下境外铁路项目面临形势的不断改变，中国企业组建联营体在“走出去”构建第三方市场合作过程中，需要高度重视合作模式的顶层设计和制度建设。企业在与第三方合作伙伴进行策划、谈判、组建及实施过程中，应充分发挥传统企业在工程建设和融资方面的优势，而随着科研能力的提升，企业还能在装备制造及通信信号研发、设计、生产和系统集成等领域发挥优势。同时，在对第三方合作伙伴选择的过程中，企业应对所在国政治、经济、文化和宗教等进行深入调研和分析，项目前期应对项目实施和第三方合作的可能性进行充分论证，建立风险管理机制。通过对联合体三方或多方合作伙伴的文化融合，加强内部团队建设和提升企业软实力，形成相互依存和互利多赢的长效合作机制。

4 设计管理

铁路建设项目设计是为工程建设服务的，应遵循项目所在国建设程序，结合项目规模和复杂程度、项目资金来源、项目建设模式等，在不同国别和不同阶段进行不同深度的设计。境外铁路项目联营体模式下设计各阶段工作内容与中国设计标准体系有一定差异，但存在对应关系。结合匈塞铁路塞尔维亚段项目和橙线项目等设计经验，可行性研究报告是前期研究阶段重要成果文件，编制深度可参考国内的预可行性研究，设计阶段一般细分初步设计和详细设计两阶段，文件编制深度由国内的可行性研究逐步过渡到初步设计，在实施阶段重点落实施工图工作。

4.1 设计特点及存在的问题

4.1.1 采用的技术标准模式不同

境外铁路项目的技术标准通常采用有五种模式。一是完全采用中国标准，如中老铁路、橙线项目和中泰铁路等；二是完全采用国外标准，如匈塞铁路项目采用欧盟标准，须符合欧洲铁路互联互通技术规范；三是采用项目特有的“混合标准”，如委内瑞拉铁路建设方提供了技术标准，又同意采用中国有关技术标准，形成一个“混合标准”；四是设计采用中国标准，但业主邀请了第三方进行全过程咨询管理，例如尼日利亚拉各斯至卡诺铁路、阿布贾至卡杜纳铁路，业主邀请意大利 Team 公司作为咨询商；五是按照业主与设计方商定的技术条款执行，对产品设备也有严格要求，例如匈塞铁路商务合同中“质量保证”条款规定，“在材料及设备安装前，承包商有义务根据塞尔维亚共和国法律和法规提交证明、证书、货物的原产地证及其他文件，并提交至工程师”。

4.1.2 中国标准的兼容性

中国铁路标准兼容性主要表现在三个方面：一是按照中国标准修建的项目与采用其他标准修建项目的兼容互通性；二是中国铁路建设标准需要进行有关上道试验后才能最终应用，例如钢轨扣配件；三是设计理论与试验方法等的兼容互通性，例如土工试验方法的不同。

4.1.3 设计理念和出图方式存在差异

国外咨询公司的设计流程是先选择设计标准，再进行计算，最后画出有关部位图纸，且习惯将各专业内容表达在同一张图纸上。中方设计单位基于以往项目经验选择经验数据计算和出图，各专业图纸相对独立，通常没有系统总图。

4.1.4 标准、规范对接不够

中方设计单位在执行境外项目时，如采用国内成型的设计经验和通用图，对项目所在国技术标准、规范和设计边界条件设定了解不足，未因地制宜地进行设计，可能导致设计风险增大。境外铁路项目，外方一般要求中方对采用标准进行详细解释，并提供详细的计算单和附图，并要求中方工程师具有有关资质。

4.1.5 设计阶段及内容划分不同

各国对设计阶段和设计深度认识不一致，按照分包的工作内容划分，有设计分包商、施工分包商、劳务分包商、供货分包商、运输分包商和咨询费分包商；按照选择权分类，有自雇分包商、指定分包商。按照工程建设程序，国内设计阶段划分为可行性研究、初步设计和施工图设计，国际设计阶段划分为概念设计（Conceptual design）、初步设计（Preliminary design）、详细设计（Detailed design）。

4.1.6 设计资质

不同国家设计标准的差异和工程师资格的互认问题导致项目设计文件在报业主或项目国审批时，可能存在被退回或需要设计转化的风险。部分国家业主要求采用当地设计标准，或者不低于当地标准要求的国标设计。部分国家在项目前期对中国技术和产品不能完全信任，中方建设单位联营体应就设计概念、设备选型和施工方法等与业主进行密切沟通。

4.1.7 业主指定设计

在境外铁路项目中，有时会出现项目所在国业主指定分包商的情况，给 EPC 总承包商模式下的分包商管理带来一定难度。指定分包商是由业主或工程师指定，负责实施和完成某部分工程并与承包商签订分包合同的分包商。业主指定分包商的目的一般出于某部分工程具有较强的专业技术要求，而承包商通常不具备相应的专业技术能力，同时为了避免各独立合同之间的互相干扰和便于工程的统一协调，将这些分包商归由 EPC 总承包商统一管理。

然而，当出现业主与分包商关系过于密切，且有些行为直接损害到 EPC 总承包商利益时，例如业主直接付款给设计分包商，扣除相应款项后再支付给总承包商，这就需要 EPC 总承包商提前预判，并在与业主和分包商的合同中约定清楚：(1)要求设计分包商开具保函，受益人为 EPC 总承包商，而不是把保函开给业主；(2)在与业主的项目主合同中明确约定“严禁业主绕过承包商，直接支付给分包商的行为，若给承包商造成损失的，应由业主承担赔偿责任”；(3)在与设计分包商的分包合同中禁止设计分包商绕过 EPC 总承包商的管理而直接执行业主的命令，也不得直接致函业主、监理代表，若未经 EPC 总承包商允许而直接给业主发函并造成损失的，由设计分包商承担责任。

4.2 设计阶段前期分析

项目前期可行性研究、初步设计以及施工图这三个环节是必须实施的。一般情况下，业主会委托咨询机构进行前期研究、设计标准的明确，更为全面的是在完成上述环节的基础上，完成初步设计与确定设计原则，而施工图则是由承包商负责实施。部分项目业主仅仅是委托咨询机构完成概念设计，承包商负责初步设计与施工图的工作，部分项目业主并没有进行相应的前期工作，仅向咨询机构咨询项目涉及的技术标准，确定项目立项的意向，而前期研究与后续设计工作均由承包商完成，同时需要委托第三方（咨询机构）进行监督管理。以上铁路设计各个阶段责任主体的不同，与项目承包模式和融资模式是直接相关的。

匈塞铁路诺苏段全长 108.1 km，项目建筑许可设计由国内设计单位与塞尔维亚 CIP 交通研究院组建设计联合体完成，项目采用欧洲标准。中塞两国的设计专家高效协作、密切配合，严格把控设计质量，在遵循欧洲标准要求的基础上，充分借鉴了中国高铁的设计经验，使项目得以顺利展开，特别是对桥梁的梁型进行了优化，提高了桥梁的美观性和结构刚度，节省了工程造价。匈塞铁路塞尔维亚段的建设，促进了中塞两国铁路设计人员互相了解，加强了设计交流，成为增进彼此友谊的桥梁。匈塞铁路匈牙利境内项目建筑许可设计于 2021 年 10 月 15 日获得匈牙利政府批准，由国内设计单位和当地公司组成的设计联合体完成，建筑许可设计获得匈牙利政府批复标志着匈塞铁路匈牙利段正式进入建设期。

4.3 合同分工及设计工作

境外铁路项目 EPC 模式中的设计一般都由国内设计单位独立完成（如雅万高铁、中老铁路、中泰铁路和橙线项目），或由国内设计单位与当地交通设计院组成的设计联合体完成（如匈塞铁路塞尔维亚段）。在橙线项目建设管理中，中方建设团队联营体主要负责概念设计、机电系统详细设计、设备采购、安装及调试工作，巴基斯坦业主 PMA 主要负责地勘、测量、土建工程详细设计、土建工程实施。根据合同约定及前期的工作要求，设计单位主要承担投标技术部分及配合技术、商务谈判、勘察和测量技术要求、全系统概念设计、机电系统详细设计、接口专项设计、与咨询单位技术对接交流和指导及施工配合、技术支持及现场服务。而基于铁路项目的特殊性，合同外也承担了测量现场组织分析及指导、BIM 技术管综应用、综合支吊架设计工作、车站公共区照明变更设计等工作。

在匈塞铁路塞尔维亚段项目设计工作中，由于匈塞铁路采用欧洲标准设计施工，满足欧洲互联互通 TSI 标准，设计过程中需要将中国标准进行解析以满足欧洲标准要求。中塞两国工程师联合设计时，在遵循欧洲标准要求的基础上，既充分借鉴了中国高铁的设计经验，又融合了塞尔维亚当地习惯做法，在结构型式、设备选型、工程方案和工程经济等方面进行了多项优化设计，中国的设计技术和设计方案得到充分体现，实现了规则标准的“软联通”。

4.4 设计分包商的选择

EPC 牵头方选择设计分包商包括两方面，一是国内设计单位的选择，作为 EPC 联合体成员之一或者作为联合体下设计分包商；二是项目所在国设计分包商与国内设计单位组成联合体。

4.4.1 国内设计单位的选择

国内设计单位选择与该项目的投融资和建设管理模式有关，一般来说国内几家大型综合设计单位都有海外设计经验，所以选择国内设计单位一般采用招投标模式，如果项目采用中国技术标准，中国设计单位能独立完成。境外项目与国内项目采用通行的模式选择，不过对设计合同要结合项目的具体特点进行细化，如果进入 EPC 联合体，除了有关设计责任义务之外，还要对投融资额度、出资方式、管理权限等方面进行约定。如果国内设计分包商作为牵头方，牵头与项目所在国设计公司组成设计联合体，应关注以下问题：

(1)设计牵头方的具体工作内容，设计费的计算要与工作量、提供图纸时间挂钩，设计费包括列控数据的提供、招标文件编制和设计阶段的认证等。

(2)设计牵头方与总包商、项目所在国设计公司的工作界面，特别是与当地设计公司专业分工要具体细化，因为双方对技术问题的理解大不相同，包括互提资料内容及先后顺序，要有分工矩阵表作为设计合同的附件。

(3)设计牵头方要留有一定比例设计费作为考核，由牵头方掌握。

(4)设计单位后方对前方技术支持机制，应指定专家对包括当地分包商的图纸进行审核。

4.4.2 当地设计公司的选择

项目所在国一般来说设计单位数量少且规模不大，铁路技术经验少，但当地设计公司了解项目所在国法律法规、技术标准，特别是除铁路技术以外的专业，如道路、公路桥、给排水、暖通、天然气、交通组织等方面有其优势。在境外铁路项目建设中，中方建设团队应从三个方面考虑当地设计公司的选择。

(1)根据项目情况选择适合的设计公司。选择信誉好、有设计经验和沟通交流顺畅的设计公司，并根据项目的具体情况进行充分交流沟通，选择成熟的设计师展开合作。在挑选设计公司阶段，应让各设计公司提供项目团队的人员组成和简历，并尽量进行面对面的会谈沟通，作为最终决定的必要参考因素。

(2)考察备选设计公司的基本条件。应优先选择在中国设有分公司或办事处的设计公司，其次是在中国开展过设计业务的境外设计公司。

(3)明确设计分工界面和互提资料，建立设计周例会和互提资料时效问题等工作机制。

4.5 橙线项目设计

4.5.1 设计过程

橙线项目是中巴经济走廊早期收获项目，项目于 2015 年 4 月签约，同年 9 月土建工程开工，开展土建工程技术指导工作；2015 年 9 月完成概念设计，2016 年 1 月获得业主批复；2016 年 6 月完成接口专项设计并提交巴方；2016 年 9 月完成机电系统详细设计，2017 年 11 月获得业主批复。

1. 概念设计

设计充分展示了中国城轨设计标准，代表着中国城轨设计的最高水平和先进的设计理念，同时充分考虑了拉合尔地区自然、文化、宗教、习俗等因素，实现了中国标准与当地标准、影响因素的融合。概念设计的批复为详细设计工作的开展和项目整体工作的推进奠定了基础。

2. 接口专项设计

机电与土建接口设计及土建预留预埋是项目重点和难点。根据联营体的工作安排和相关要求，设计单位认真研究项目特点并充分利用自身技术优势开展接口专项设计工作。为满足土建工程提前开工要求，超前谋划、统筹安排，各专业积极与 NESPAK 监理工程师进行沟通交流，克服了设计时间短、工作量巨大、人力资源紧张等困难，提前完成了道床钢筋、电缆槽、电缆支架、综合接地、设备开孔、设备基础等预留预埋设计工作，为土建工程施工创造了条件，也为机电系统设备安装及管线敷设奠定了基础。

3. 机电系统详细设计

(1)编制用户需求书

通过认真研究巴方业主招标文件及联营体投标文件，对照中国标准对文件条款逐条分析，调查中国城轨设备供货商的技术实力、产品应用情况，与国内地铁运营公司进行技术交流，了解各系统设备的使用情况，收集巴基斯坦环境参数等外部条件，完成了用户需求书的编制工作，为联营体按期招标提供了技术支持。

(2)设计联络

为了使详细设计工作提前开展，制定了详细、周密的工作计划，调集各处骨干力量，集中开展设计联络工作。第一次设计联络确定了设备外形尺寸、开孔尺寸、基础预埋、设备发热量、设备荷载等技术参数，为开展接口设计奠定了基础。第二次设计联络确定了系统间接口、签订了接口协议为机电设备按期排产、详细设计开展提供了技术条件。整个设计联络用时仅为国内同类项目的三分之一，为详细设计的完成争取了时间。

(3)详细设计

机电系统详细设计是项目的核心环节，是中国标准、中国设备、中国设计水平的集中展现。为做好项目详细设计，协调各处打破常规，采用国内国外联动办公的模式，通过制定严密的工作计划，克服设计周期短、任务重、语言障碍及结构图纸不对应等困难，完成机电系统中、英文详细设计文件近 900 册，并送监理联合体 NESPAK-CEC 审查。整个详细设计用时不到 4 个月，比国内同类项目设计周期缩短一半。

4. 与监理单位技术对接及指导

由于监理单位 NESPAK 缺乏城轨设计经验，为了确保设计工作顺利开展，派遣各专业人员与 NESPAK 开展技术对接、交流和指导工作。同时，指导土建工程详细设计，对 NESPAK 设计的车站、区间、场段、主变电所等进行全程指导和技术对接，先期完成了 GPO 地下站的建筑施工图设计工作，全面系统地指导 U 梁设计，解决了结构的安全可靠性、曲线地段平面设计、限界加宽等关键性技术难题，指导地下站盖挖工法、围护结构、防水等设计方法及计算要点。

5. 机电系统技术对接、交流及详细设计审查批复

中方建设团队联营体将详细设计文件提交监理联合体 NESPAK-CEC 审查，随即向业主做了机电系统技术交底。为了指导 NESPAK 了解掌握各机电系统功能和构成、设计标准及设计理念，各专业主动工作，积极前往 NESPAK 进行指导、沟通和交流。各专业高度重视审查工作，认真对待审查意见，对审查意见认真分析、严格落实，并与审查专家及时沟通，全部落实审查意见，获得业主初步批复及最终批复。在项目进入施工配合阶段后，及时进行施工配合与现场服务，解决现场出现的技术问题。由于土建详细设计未完全遵循概念设计，影响机电系统设备安装及使用，如高压所、跟随所房间增设结构柱，土建施工水平不高、误差大，对铺轨工作造成影响等，通过做好设计工作现场服务，彻底消除施工缺陷，为项目开通运营创造了条件。

4.5.2 设计实施阶段工作特点

1. 线路专业设计特点

(1)中国设计标准"走出去"需要因地制宜,灵活运用

橙线项目是中巴经济走廊示范性项目,全面采用中国标准和规范设计,对中国标准的推广有重要意义。同时,作为拉合尔市交通线网中的首个轨道交通项目,项目建设对探索适合于当地的轨道交通标准意义重大。设计中充分结合当地需求、城市现状及规划,以及工程特点进行工程设计,采用的各项设计技术指标符合《地铁设计规范》(GB 50157—2013),但与国内轨道交通项目常用做法有所区别,如车辆编组、车站计算站台长度、最小曲线半径等方面,这些都与当地条件以及建成后运营水平有关。

(2)加强与相关专业的配合是做好线路设计的关键

在轨道交通项目中,线路设计是轨道交通土建、设备设计的先行专业,与各专业接口众多,又受地质、行车、限界、建筑、结构等专业影响;外业调查中与勘探、测量专业密切配合,及时互提资料;调线调坡阶段,还要与各专业配合处理侵限情况。而对于项目来说,平面坐标系、高程系统、测量精度乃至施工精度等都与国内有较大偏差。

(3)线路高架线并行线设计

采用左、右线并行设计,由于轨道交通限界加宽方式的影响,直线地段线间距取值要考虑为曲线地段限界加宽留有余量,以满足线路各段落的限界要求。橙线项目平面曲线半径类型较多,不同半径曲线加宽值也不同,结合行车速度、轨道超高、限界加宽及结构加宽,综合选取加宽值。

2. 建筑专业设计重点和难点

(1)概念设计阶段

橙线项目车站设计分为三部分:一是根据客流对公共区进行分类布置;二是根据通信、信号、环控等专业提供的房间需求来进行车站设备区分类设计;三是 ANARKALI 站和 CENTRAL 站特殊设计。

橙线项目车辆段、停车场、主变电所设计分为三部分:一是按照各专业提资要求进行房屋布置,满足建筑防火等规范和标准要求;二是与巴基斯坦当地设计院沟通,了解他们的需求,并落实到设计中;三是与巴基斯坦当地设计院 NESPAK 建筑和结构设计人员进行技术沟通,帮助其进行详细设计。

(2)详细设计阶段

建筑专业在详细设计阶段的工作内容为综合管线,但橙线项目在综合管线设计过程中才决定采用综合支吊架。国内管线综合设计深度较低,出现较多的差错漏碰,施工阶段施工单位会根据经验进行协调部分管线。

(3)接口设计与配合

根据合同分工,土建施工图设计归巴方,设备施工图设计归中方。由于建筑专业在地铁设计中处于枢纽位置,与房建结构、地下结构、桥梁等土建各专业有接口,与环控、动照等所有设备专业也均有接口,本身就具有协调各专业的属性。

3. 桥梁工程设计特点及创新

桥梁设计应满足美观性、经济性和环保性,适合巴基斯坦风俗人情。在梁型、墩型选择时

需做选型对比工作,通过投标前期阶段对桥梁梁型分析研究,国内轨道交通大量采用的箱形梁和 T 梁结构并不适合巴基斯坦,选择业主认可的 U 梁结构,桥墩采用独柱大悬臂顶帽桥墩。

4. 环境保护

由于巴基斯坦无明确的噪声、振动影响评价范围,橙线项目现场环保调查只能借鉴国内评价范围执行。通过与当地环评单位的合作,较好解决了设计过程的重难点工作。

项目采用 U 梁设计能较大限度地减少轨道交通噪声影响。考虑到工程建设将会对沿线历史建筑产生振动影响,项目除采取相应有效的减振措施外,施工期和运营期加强了对通过历史建筑区段的振动速度监测,一旦发现超标情况产生,应采取控制施工和降低运行速度等有效措施。

(1)应采取保护措施及应急预案,禁止在历史建筑保护范围内设置施工营地,临时弃土和弃渣不得堆砌于历史建筑保护范围内。

(2)施工便道划定时注意对历史建筑进行避让,临时施工场地也应布设在历史建筑保护范围及建设控制地带以外。

(3)项目要加强建设期间参建人员的历史建筑保护教育,形成历史建筑保护意识等。

(4)在环境敏感区段,环保措施应严格执行环评文件及批复要求,避免造成不必要的返工或生态破坏,并向第三方机构了解当地环水保管理要求等。

4.6 设计工作应注意的问题

4.6.1 设计深度

国际工程的设计阶段一般划分为概念设计、初步设计、详细设计等阶段,具体的划分界限不尽相同。在开始设计之前,应清楚业主招标文件中对设计阶段的划分,了解业主对需要报批图纸的设计深度的要求。

4.6.2 设计文件

一般业主所要求的设计文件包括图纸、计算书、工程量清单、技术规范和设计使用说明书。技术规范一般包括总体要求、产品和安装。总体要求包括所采用的规范号、工艺、报批要求、质量保证、运输储存交付及成品保护。产品部分包括材料说明、产品制作、产品规格参数,以及推荐参考供应商名单。安装部分包括产品检查、安装准备、安装、验收,以及安装后的整改及维修等。技术规范所包含的内容具体而广泛,不仅包括设计规范,还包含了产品要求、安装工艺,以及质量验收。设计使用说明书是项目的设计意图,设计理念,系统、产品组成及之间的相互关系内容。业主通过说明书能对项目设计有全面了解,有利于系统的维修和产品的更换。

4.6.3 设计规范标准

在设计前须明确设计采用的规范标准,是采用国际通用的规范还是采用当地规范,并对当地强制性标准进行提前了解。

4.6.4 设计报批程序

设计报批程序是需要高度关注的问题之一,应提前考虑业主是否要参与审核、设计图纸报批之前第三方机构是否提供审核意见、咨询公司回复审核意见时间、当地政府机构是否要参与审核等，为加快设计报批应尽可能简化设计报批程序。

4.6.5　充分发挥设计大师的作用

对于难度比较大或者比较重要的设计工作，尽可能选用富有经验和实力的设计单位，聘用知名的设计大师。一方面，富有经验和实力的设计单位和知名的设计大师有更多的成熟经验和更高的效率；另一方面，设计大师的知名度更加利于承包商获得业主的信任从而方便沟通。

5 财税管理

随着项目建设环境的日趋复杂,企业应高度重视财税风险管控。境外铁路项目财税管理主要包括项目财务内控体系和财务核算体系的建立、费用管理、税务管理以及合作单位财务配合管理等。

5.1 财务管理

5.1.1 内账会计核算

联营体模式按照法律形式可以分为法人型联营体和合同型联营体。法人型联营体模式是指参与联营各方共同出资,在拟投标项目所在国当地相关部门登记注册合资公司,项目须以该公司名义在当地缴纳企业所得税。合同型联营体模式是指联营体各方共同投入资金,不在拟投标项目所在国当地相关部门登记注册,不组建公司,而是按照合同的约定,界定各自应享有的份额或比例,并以此承担风险和收益。

合同型紧密联营体模式下,一般不进行合资机构(JV)的注册,从项目投标到具体实施,全过程都是以联营体作为一个整体进行,且发票开具、出口退税办理、境外所得税完税等事项通常由联营体牵头企业实施。基于以上项目管理实际,现就该模式下内账会计核算存在的难点问题分别进行探讨。

1. 会计主体的选择

明确界定会计主体是开展会计确认和报告工作的重要前提。合同型紧密联营体模式下,会计主体确认是一个难点。

(1)以联营体牵头企业作为会计主体

合同型紧密联营体不进行法人实体注册,联营体各方之间不存在投资关系,如果采取以联营体牵头企业作为会计主体,把整个项目作为会计对象进行核算,财务报表合并到牵头企业的方式,联营体其余方很难采信,同时该做法也没有相关制度作为支撑。

(2)以联营体各方分别作为会计主体

合同型紧密联营体是多家企业按照协议组成的一个联合机构,不具有法人资格,项目账户开立、资金收付、发票开具、出口退税办理、境外所得税完税等通常由牵头企业实施。联营体各方按照协议约定的比例以各自的名义分别进行会计核算存在实际操作困难,也不符合工程项目管理实际。

(3)以联营体作为会计主体

项目中标是联营体成立的目的,项目顺利实施是联营体的目标,以联营体作为会计主体,以中标的 EPC 总承包项目整体作为会计核算对象,符合会计主体的概念,契合联营体各方的利益,同时也更便于操作。

2. 会计核算框架

联营体如果是未通过独立主体达成的松散型合营安排，有经验的联营体机构在起草联营体协议的过程中，会按照《企业会计准则第 40 号——合营安排》有关内容进行约定，从而便于会计核算的相关安排。而判断联营体协议是否符合《企业会计准则第 40 号——合营安排》的关键在于其约定是否实现联营体中两个或两个以上的参与方对项目实施共同控制。为了规范会计核算，应在联营体协议中对共同控制进行详细而专业的约定，以符合《企业会计准则第 40 号——合营安排》关于共同经营的规定，为项目在《企业会计准则第 40 号——合营安排》的框架下进行会计核算提供依据。

3. 会计核算方式

合同型紧密联营体模式下，以项目整体作为会计对象，项目建立统一核算账套，归口核算涉及项目执行的所有业务。在会计期末编制会计报表时，联营体各方按照联营体协议约定的比例分别与各自的母公司报表进行合并是会计核算方式最优选择方案。此外，联营体各方在会计政策等方面存在差别，项目会计核算应尽可能兼顾联营体各方现有的会计政策及要求，因此核算过程必然是联营体各方相互沟通、借鉴及妥协的过程。

5.1.2 财务核算管理

境外铁路项目如采取紧密型联营体模式，双方的权利和义务在协议中须进行明确，内账的会计核算可以依据《企业会计准则第 40 号——合营安排》中的有关内容进行合理确定，明确会计核算主体并以此搭建内账核算体系。

1. 财务核算体系

境外铁路项目内账财务报表架构可分为国内财务报表和现场财务报表两部分。其中，财务报表国内部分主要核算内容包括联营体资金、联营体往来款、项目收入成本、出口退税、国内费用和国内单位往来款等。项目现场部分主要核算内容包括现场零星采购、现场费用、现场与联营方及国内项目部往来资金、项目人员费用、垫付关税和缴纳预扣税等税款等。境外铁路项目财务报表架构如图 5.1 所示。

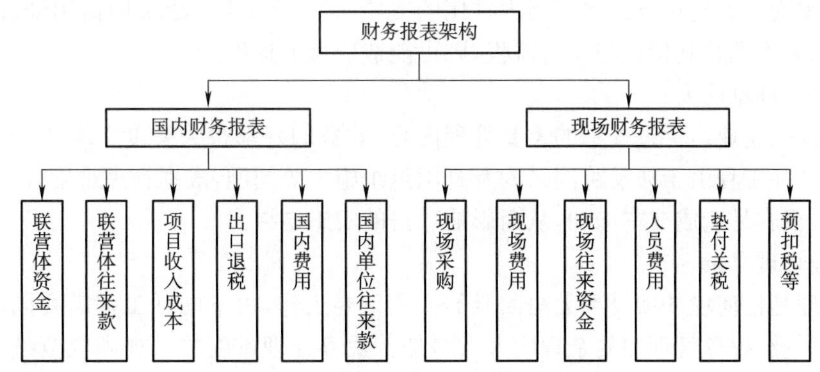

图 5.1　境外铁路项目财务报表架构

2. 会计核算体系

以往联营体模式大多都是松散型的，各自核算承担的工作范围，而采用紧密型合作模式相对较少，主要集中在会计主体无法同法人主体对应的情形，同时项目会计政策和会计估计需同时兼顾两家公司的现有制度，并且项目财务管理还须遵循相关公司的要求等。

根据合同紧密型联营体项目实施的特点，依据《企业会计准则第 40 号——合营安排》中对共同经营的规定，此类联营体确定以项目整体为会计核算主体，建立项目核算账套，统一核算涉及项目执行的所有业务，包括项目收入、成本、费用、利润等；在会计政策和会计估计的选择上，有效融合两家公司的政策和估计，并严格执行企业会计准则；项目经理部编制项目报表后，联营体可根据协议约定的比例各自分别合并项目财务报表。

联营体需要以法人体现或法人才能办理的事项，以确定的牵头方名义执行，如开立银行账户、出口退税、发票管理等。

5.1.3 财务管理实践

1. 财务管理特点

受项目所在国政治、经济、环境等多方面因素影响，境外项目的财务管理与国内业务相比，具有以下特点：

(1)遵循国内国外两种核算体系

国际工程的执行主体是中国境内注册的居民企业，会计核算、财务管理及税务管理应首先执行中国的企业会计准则、财务制度和税收相关法律法规；同时，国际工程的具体执行地主要在境外，因此企业也必须遵循项目所在国的会计准则和财税法规。这就需要财务人员学习和掌握两个国家的法律法规，了解两者的差异，编制不同的财务报告以适应不同的政府机构监管和日常管理需要。

(2)外币资产风险管控困难

国际工程的主要经济业务发生在境外，业主绝大部分以国际认可的主要自由货币或项目所在国法定货币进行工程款结算。项目的成本支出除了国内采购业务使用人民币结算外，也基本使用外币支付，而且往往涉及多币种。因此，外币业务也是国际工程财务管理中需要面对的一大特点。

(3)资金支付方式多样

国际工程通用的支付方式除了国内常用的支票、汇票等，还广泛采用信用证、国际汇款等支付手段，如果不熟悉其特点与运行流程，则可能造成重大损失。

(4)成本管理难度大

成本管理是企业运营过程中的重要管理内容，效益的好坏很大程度上取决于成本管理水平的高低。国际工程由于涉及跨国采购及跨国组织施工等问题，成本管理难度较大，若缺乏相关管理经验，很容易造成成本增加，从而影响项目的实施结果。

(5)税务管理复杂

税务管理是任何境外项目都无法回避的一项重要工作，由于国际工程需要同时遵从两个国家的税收法规，税务管理的复杂程度大大增加。税务管理难度的增加和规范纳税意识的不足都会为国际工程带来相应的税务风险，这要求企业在实施项目时充分考虑对税负的规划。

2. 财务管理重点

(1)分析项目的可行性

①参与项目利润测算。报价是国际工程承包项目盈亏的关键，必须强调准确性。对外报价是一个系统工程，需要公司内外多个专业相关人员的配合。财务部主要负责提供各类保函

费率、利率、汇率等基础数据，计算项目资金成本等财务费用，并最终审核报价的相关财务数据是否有成本漏项。

②及时进行现金流测算。财务人员要结合项目的收支情况预测现金流量，并运用财务分析方法进行抉择，以说明项目在财务效益上是否可行。

③提前做好税收筹划。根据项目所在国的税收法律政策，初步测试项目实施所承担的税负。

(2)参与项目合同谈判

财务人员应深入参与价格条款、支付条款及相关风险控制条款的合同谈判工作。这既包括与项目业主的对外主合同谈判工作，也包括与国内外相关单位进行的项目各分包合同谈判工作。财务人员要参与到合同谈判过程中去，而不仅仅是事后的合同审核，合同谈判通常是要以价格换条款的。如果合同谈判已完成，即使发现某些条款存在不妥也很难变更，将会直接影响经济效益甚至项目成败。

(3)依法合规进行会计核算

准确进行账务处理，确保内账和外账符合相关准则及法律法规。在项目执行的过程中，国内与外派财务人员加强沟通，对内外账、税务筹划、收支利情况、资金等问题要及时关注，进行财务的事中控制，并按期形成财务报告。加强阶段性项目经营情况分析，并与项目总体预算的效益及时对比分析，发现差异及时汇报，并协助业务人员找出原因及应对措施。加强费用管理，坚持“勤俭节约、合理支出”的原则，从预算监控、标准控制、审批流程等方面从严控制。

(4)强化项目资金管理

根据现金流办理银行的提款与还款手续，向境外项目机构拨款、定期编制现金预算，确保现金流不能断链，并通过现金流的测算，把握好提款和外汇兑换的时机，力争使财务费用降到最低。办理款项收付时，要根据商务合同的支付条款及本企业的财务制度审核业务部门提交的国内付款单据，并高效准确地支付相关款项。同时关注项目进度，根据收款进度提醒业务部门依照合同约定对外收款。

3. 会计核算风险防范

新收入准则采用统一收入确认模型来规范所有与客户之间合同产生的收入，就“在一段时间内”还是“在某一时点”确认收入提供具体指引，并以控制权转移替代风险报酬转移作为收入确认时点的判断标准，打破收入确认界限，要求企业在客户取得相关商品(或服务)控制权时确认收入，从而能够更加科学合理地反映企业的收入确认过程。从理论层面来说，这是一种有利于均衡反映工程施工企业收入与成本之间的配比关系、促进企业提升成本管理水平的核算体系，但国际工程承包企业仍须采取必要措施防范会计核算风险。

在执行收入准则的过程中，各部门的协调配合非常重要。建立职责明确的组织机构，促进各部门间相互沟通协作，是提高项目管理水平的基本保障，可以进一步确保财务信息准确性，最大限度防范收入准则实施风险。

(1)确定职责、设定流程

企业应以境外项目部为单位，成立由项目经理牵头、各部门共同参与的收入准则执行小组，负责具体工作的组织协调。执行小组应做到决策高效、执行有力。企业应清晰划分各部门的职责，明确工作目标。进行职责划分时应做到分工明确且涵盖内容全面，主导和协助部分关系清晰。此外，还需要建立一套全面有效的工作流程，使各部门工作能够顺利开展，从而保证项目的顺畅运转。

(2)明确阶段重点工作

①项目初始阶段:预计合同总成本前,企业首先根据合同的要求及设计方案编制施工技术方案;根据施工技术方案编制总体施工进度计划和年度施工进度计划,拟订资源配置计划,为编制合同预计总成本提供基础性资料;将工程分解到细项,确定每一阶段的工程量及所需人工、材料数量、机械使用的台班等,并在充分了解市场价格的基础上确定单价,据以测算出人工费、材料费和机械使用费;根据项目预计会发生的设计和技术援助费用、施工现场材料的二次搬运费、生产工具和用具使用费、检验试验费等情况预计其他直接费;根据临时设施摊销费用以及为组织和管理施工生产活动所发生的费用,如项目管理人员薪酬、劳动保护费、固定资产折旧费及修理费、物料消耗、取暖费、水电费、办公费、差旅费、财产保险费、工程保修费、排污费、咨询费、工程保险费、保函和担保业务相关费用、无法分摊的清关费、质量安全支出等预计间接费用;根据项目分包计划和预计分包价格预计分包成本;汇总出合同预计总成本。

②项目执行阶段:应定期对合同总收入和预计总成本进行测算,计算中财务部门提供已经发生的实际成本情况,各部门根据实际成本对尚未发生的成本进行测算。财务管理人员按月计算完工进度,并确认合同收入和合同成本,同时还应对收入、成本情况进行分析,报管理层批复。

③项目完工阶段:及时办理清算,进行资产处置,确定项目的总收入、总成本,完成税款缴纳,办理项目决算。

5.2 税务管理

税务环境主要涵盖税务法律法规及公民、企业法人普遍纳税意识。不同的税务环境对企业的税务风险影响程度各不相同。由于境外铁路项目需要同时承担中国和项目所在国的税收义务,必然要面临更加复杂的税务环境,增加了税务管理的风险和难度。联营体模式下税务管理主要包括项目出口退税管理、所得税管理以及现场税务风险管控等。目前,税务管理既关系着项目的收益,也牵涉潜在风险,对项目实施成功与否起到关键作用。

5.2.1 税务风险主要类别

境外铁路项目税务风险的辨识和分析是铁路“走出去”企业进行税务筹划的基础。分析税务风险的成因和来源,客观上受到项目所在国的政治环境、经济发展水平、全球经济宏观形势的不确定性等因素影响。结合境外铁路联营体项目的实际特点,可以初步归纳海外铁路项目税收风险的主要类别。

1. 法律风险

各国的税收法律体系均有所不同,项目所在国的立法、执法、司法的不同机构和不同程序决定了具体税收法律的框架结构、税收征管机制、税收协定均存在客观差异。如经济发达国家税收法律较为完备,轻征税重稽核,强调企业自主计算、自我评估申报,但检查和处罚较为严格,同时流转税税负较平衡,以增值税为主,所得税负较重;欠发达国家较为重视征缴,征管体制灰色地带较多,且税收法律更改较为频繁,流转环节税负多为营业税或预提所得税,且为鼓励经济发展,企业所得税的税收优惠较多。

2. 政治和经济发展水平风险

不同国家的政治、经济和社会发展水平导致的税务风险是国际业务普遍面临的系统性风险。铁路“走出去”企业以融资、技术和专业经验等方面优势参与的政府间合作项目通常会在税收优惠等方面取得项目所在国的承诺，但在实际执行过程中，在获取各国相关财税部门的官方免税批文或税收优惠批文的过程有一定难度，项目所在国税务机关对免税或税收优惠的具体税种、税率、免税期限和优惠方式等需要加强与税务机构对接予以明确。

3. 全球化背景下国际税收规则风险

随着经济全球化和跨国企业的蓬勃发展，2013 年 9 月，经济合作与发展组织(OECD)与二十国集团(G20)启动了税基侵蚀和利润转移(BEPS)项目，旨在推动一揽子国际税收改革项目，《转让定价指南》《实施税收协定相关措施以防止税基侵蚀和利润转移(BEPS)的多边公约》《BEPS 行动计划》等已实质上对各国税制以及国际税收产生了深远影响。中国已于 2017 年 1 月 1 日起开始执行《多边税收征管互助公约》。这些国际税收规则的变化，更趋于限制企业跨国避税、双重不征税，对企业经营信息和税务的透明度、国际间税收遵从、税收协定使用、转让定价等方面提出更高的要求，这需要中国“走出去”企业持续深入跟踪研究。

4. 企业内部风险和外部风险

境外跨国型企业的税务风险和税务筹划管理需要从整体发展战略的角度在企业境外实体的选择、业务范围和形式、交易架构等方面体现一定的“税务思维”。按照境外铁路项目税务风险发生的原因，可以将税务风险分为内部税务风险与外部税务风险。

(1)内部风险

在内部风险管理方面，在实施阶段，税务风险往往与项目特点、组织架构、合同管理、工程实施、人员管理等诸多管理内容和环节息息相关。另外，财务、会计、资金、外汇等方面的管理与税务风险也高度关联。由于企业自身原因存在的风险主要有六个方面：

①对税务风险认识不足，从而忽视税务风险，如未在当地依法进行税务登记等。

②纳税人、扣缴义务人对税收政策理解不深入，对财务、税收知识的了解程度直接影响其对税法的解读。

③对所在国优惠政策利用不到位。

④对免税条款的解读不准确。部分境外项目合同中规定有免税条款，项目往往就认为这部分免税事项不存在任何风险，不加以管理，但事实上相关的免税条款会因解读不准确和管理不到位产生税务风险。

⑤涉税业务会计核算不规范。涉税会计核算风险是指纳税人对企业各种涉税事项在会计核算方面处理不规范不准确导致的风险，如财会人员没有遵守所在国财会制度或税务政策、理解税法产生偏差、计算税额出现错误等都属于会计核算风险。

⑥分包商税负管理风险。由于 EPC 总承包商通常需要在项目所在国设立项目公司，进行税务登记，而分包商往往不在当地设立常设机构，因此有些国家税法规定由总承包商进行代扣代缴，同时分包商在当地达到一定时间后也属于常设机构，具有纳税义务，在签订分包合同时应明确涉及税种，以及税款是否应包含在合同价款内等。

通过加强内部控制可以降低或消除内部税务风险，此时企业处于主动状态，所以说跨国企业对于内部税务风险是可控的。

(2)外部风险

①税收政策和税法不完善产生的风险,如税法规定模糊或政策变动频繁,不利于纳税人纳税遵从。

②税收征管不规范产生的风险,有些国家税收征管不规范,征管中的自由裁量权运用的随意性过大,或者不同地方及不同层级的税务机关对同一问题有不同解释,均有可能给企业带来税务风险。

③税收政策变化频繁、信息不畅通造成的风险。

外部税务风险是由于税收环境发生变化,跨国企业处于从属的、被动状态,虽然可以通过追踪项目所在国政策、加强与项目所在国沟通来避免或降低税务风险,但是不能够完全避免或消除该类税务风险。

5.2.2 主要税务问题

通过对上述主要税务风险的分析,结合境外铁路联营体项目的具体实际,基于项目所在国法律、外汇及税务环境、项目适用的主要税种、税率和优惠、税收征管体制、项目所在国与中国避免双重征税协定以及协定中有利和不利措施等情况,对项目管理中主要税务风险进行识别和分析,重点关注以下几个方面。

1. 税收管辖权和常驻机构

不同国家的税收管辖权主要包括地域、居民和公民管辖三种方式。大多数国家和地区都实行收入来源地等地域管辖权和居民(公民)管辖权相结合的方式,如塞尔维亚适用地域管辖权和居民管辖权结合的双重管辖权标准。在境外铁路 EPC 项目中,项目实施企业通常属于非居民企业,需要在项目所在国设立驻外机构,此时需根据当地税收法律以及税收协定评估是否构成常设机构,对归属于常设机构及来源于项目所在国的收入和利润征税。针对铁路项目的 EPC 合同,多数国家的税务机关都倾向于对"整体合同"在项目所在国产生的全部收入和利润进行征税,判定依据主要为与设计、工程和采购供应相关的活动都与位于该国的常设机构相关(采取单一预提所得税方式的国家除外),因此忽视常设机构的税务责任有可能造成税费漏缴。

另一方面,中国铁路企业来源于境外的所得,也经常要面对项目所在国和中国税收管辖权重叠所带来的重复征税。截至 2022 年 6 月底,中国已对外正式签署 109 个避免双重征税协定,其中 105 个协定已生效。如中塞两国间税收协定适用 1997 年 3 月签订的《中华人民共和国政府和南斯拉夫联盟共和国联盟政府关于所得和财产避免双重征税的协定》,协定中明确了居民主体、常设机构认定、税收抵免、税收争议和相互协商等内容。因此对税收协定的理解和研究,特别是境内外税收的分配和抵免是需要重点分析的问题。

2. 在岸部分和离岸部分(中国出口)

EPC 总承包合同下主要包括设计、采购、施工、投产及验收试运行、项目管理等部分。根据实施业务的发生地不同,EPC 合同可分为离岸和在岸两个部分。一般意义上,合同的设计、采购和项目管理部分,在项目价值链中利润率相对较高,多体现在总承包方及关联企业,因而成本费用大多发生在国内,也自然成了离岸部分的内容;另一方面,从项目所在国的角度,通常对于 EPC 合同的离岸部分不征收所得税,总承包商往往也通过一定的合同安排以确保离岸供应和离岸服务不在被投资国当地纳税。但无论是自然离岸业务还是合同安排,合同收入的分割都必须得到项目所在国税务机关和当地业主的认可,否则可能会产生离岸收入被高估和在岸收入被人为低估的情况，甚至导致项目所在国税务机关强制要求按照合同总额征税的情况。通常铁路工程中离岸内容的比重较大，铁路建设项目如需突出中国元素的物资、设备的进口，会存在大量离岸设备和服务的内容。不能正确处理离岸货物和服务的合同主体、税收豁免、当地所得税在国内抵免等问题，将面临离岸设备供应和服务产生税负过高的税务风险。

3. 关联交易和转让定价风险

项目所在国税务机关经常会对承包商关联方交易的相关费用提出质疑。从反避税的角度，转让定价规则应遵循 OECD 的《转让定价指南》《实施税收协定相关措施以防止税基侵蚀和利润转移(BEPS)的多边公约》《BEPS 行动计划》。这些条约在税收协定和转让定价规则的修改、数据统计分析和强制披露机制的建立等方面都体现了项目所在国税务机关对税收遵从、享受税收协定待遇等方面更为严格的审查。当地税务机关有权对关联方交易的相关费用以及在岸收入进行税务调整，如印度尼西亚税务总署若认为关联方收入或费用被低估或加大，有权按照其认为合理的方法进行特别纳税调整，以确保企业关联交易符合独立交易原则，调整后往往会增加税负。

匈塞铁路塞尔维亚段项目在以国内法人作为合同主体、当地分公司作为常设机构的实施方式下，一方面需要解决离岸物资设备和服务的成本转移，另一方面要解决国内外主体之间的管理服务交易，会面对关联性交易问题，须保证国内成本在当地足额列支以取得所得税应税所得抵减。2018 年 4 月，塞尔维亚议会批准《实施税收协定相关措施及 BEPS 多边公约》，其转让定价规则基本遵循 OECD《转让定价指南》，税务机关有权对转让定价进行调整，并对企业和企业管理人员严厉处罚。因此，如不能科学规划转让定价问题，不仅有可能造成当地成本不足、所得税虚增的情况，也会面临关联交易和转让定价的核查和处罚。

4. 预提所得税

各国对工程承包项目的所得税征管方式不尽相同，预提所得税是经常针对工程、服务采取的一种征管方式。不同国别的预提所得税大致包括以下几种：

(1)业主支付合同价款时，按合同总额的一定比例预提所得税，之后不再进行清算，如印度尼西亚等国。

(2)业主支付合同价款时，先按合同总额的一定比例预扣所得税，待纳税年度终了或项目完工时再由承包商根据实际利润进行清算，如巴基斯坦、印度等国。

(3)业主无须预扣所得税，待纳税年度终了或项目完工时，由承包商按一定的核定利润率计算缴纳所得税，如老挝等国。

(4)业主无须预扣所得税，待纳税年度终了或项目完工时，由承包商按实际收入和成本费用据实缴纳所得税，如匈牙利、塞尔维亚、泰国等国。

上述几种预提所得税的不同征缴方式将对合同安排、收入利润的测算和在岸离岸业务均发生较大影响。铁路“走出去”企业对不同国家的企业所得税征收方式的了解和应对也将对项目税收筹划起到决定性的作用。

5.2.3 税务风险规避措施

1. 了解境外税制

各国税制和征管规定存在差异，在“一带一路”倡议下，中国企业“走出去”在启动项目前应在专业顾问的协助下，全面梳理项目所在国家和地区的相关规定和实务操作方式，评估潜在的税务风险，为有效管理项目税负及风险做好准备，要注意研究和掌握项目所在国税收法规，采取合适的承包方式，防止部分国家预提税导致企业逐层承包有被重复征税的风险。基于上述情况，中国企业可考虑组成联营体承包，承包商与供应商以联营体的方式与业主签订总成本合同，从而可以避免合同分包而必须缴纳的预提税，但联营体的对内对外运作方式需约定清晰。

2. 细化合同中的税收条款

企业应该充分了解项目所在国税制，科学设计合同内容。在签订合同时，将项目合同收入合理拆分为“离岸收入”与“在岸收入”，以有效确定项目收入在项目所在国的纳税范围，达到有效节约税务成本支出的目的。另外，企业应充分评估商务合同中的税务成本。在项目投标报价过程中，要吸纳企业财税人员提早参与、全程跟进，甚至有必要聘请第三方专业机构的介入。财税人员要从财税角度给予及时、有效的分析和建议，在合同签约主体、实施方式、成本费用预算等方面做好税务安排，降低项目履约过程中的纳税成本。

3. 准确拆分在岸与离岸所得

根据税收协定有关规则，项目所在国通常仅对“在岸收入”具有征税管辖权。因此，在项目所在国税负普遍较重的情况下，通过采用科学的方式将项目合同收入合理拆分为“离岸”与“在岸”收入，可以有效确定项目收入在所在国的纳税范围，不仅可以为项目有效节约税务成本支出，也确保了国家的合理税收利益。

4. 在合同中明确免税事项和完税责任

境外项目应在合同中明确界定各税种的税收缴纳主体和责任主体，包含但不限于缴纳具体税种、缴纳的区域、缴纳时间及形式等。特别是在业主代扣代缴的情况下，承包商仍然是纳税人，存在补缴税款和罚款的风险。如果实施的工程项目是免税项目，应该将主要税种详细列示在免税条款中，尤其要注意列明免除承包商代扣代缴义务等条款。

5. 及时进行注册登记

根据项目所在国的相关规定办理各项资质，还应根据项目所在国的要求履行登记注册手续。项目结束时应依法履行企业注销程序。在境外铁路项目完工以后，EPC总承包商要及时关闭为执行项目而设立的项目办公室或者分公司，尽早注销当地银行账户、税号。同时承包企业应做好财务会计资料、纳税资料档案的归集整理工作并妥善保管。

6. 构建完善的税务管理体系

为了夯实外账审计基础，科学核算项目外账收入和成本，企业应根据项目所在国财会规定和税收法律法规，建立一套合规、适用的外账核算体系，使得外账凭证能够充分完备地反映各项经济业务。在此基础上，按照当地税收征收管理制度做好纳税申报工作，根据当地税务审计要求和关注重点，收集、归档并长久保管和保留税务档案。税务档案应包括但不限于税务登记证、税务申报表、完税证（银行缴税流水单）、纳税明细表、审计报告、税务审计或稽查报告、当地税务专业顾问的意见书或报告等。

7. 依法确认收入

境外项目应根据项目所在国的规定，按照会计准则规定的方法或合同约定来合理确认收入，计算应纳税额和依法纳税。

8. 做好项目关联交易和转让定价

“走出去”企业在国内集团公司经常会和境外子公司或分公司发生管理服务交易，因此对于国内公司而言，发生的管理服务费用是否符合独立交易原则是服务费用税前抵扣的前提条件之一。这就要求企业总部在和海外机构发生内部交易时，应根据海外经营地的实际情况梳理其关联服务的性质、收费标准等，并做好详细完整的转让定价文档，作为确定关联方交易"合理的"转让定价方法和利润率的客观数据，准备好相关的关联方交易合同。统筹安排 EPC 转让定价策略时，应充分考虑项目所在国的转让定价规定，准备完整地关联交易背景和转让定价报告资料，必要时采用预约定价安排，降低转让定价风险。

9. 代扣代缴分包商的所得税

境外项目应计算扣缴分包商的预提税，并且与当地分包商签订分包合同时，明确规定其准备年度税务审计资料的义务，以应对今后税务部门的税务审计。

10. 及时申报纳税

境外项目应按照项目所在国的规定及时提供财务会计资料并且及时申报纳税，认真履行代扣代缴义务，认真进行汇算清缴工作。境外项目应继续保持税务的合法、合规性，认真对待税务的汇算清缴，同时还要进行全面的税务清理，对历史遗留的税务问题和当地税务部门进行协调，妥善处理。

5.2.4 所得税特殊性和管理方案

对于紧密型联营体模式的核算可以依据《企业会计准则第 40 号——合营安排》，联营体确定以项目为会计核算主体，建立项目核算账套，统一核算涉及项目执行的所有业务，所得税由牵头方分别进行汇算清缴。为满足出口退税和发票管理要求，联营体项目国内采购发生的成本费用，相关发票常常开立给牵头方，而联营体另一方在合并项目报表后，其列支的成本虽然有合同作为支撑，但并无相应的发票，不符合中国成本列支以发票为依据的要求。联营体项目执行机构一般以牵头方在境外注册，在当地所有预缴所得税、完税证明文件抬头均为牵头方。联营体双方在进行汇算清缴时，会存在完税证明、单据和申请抵扣单位名称不一致的问题。这些问题是联营体模式下税务管理的特点。2017 年国家税务总局出台了《关于企业境外承包工程税收抵免凭证有关问题的公告》(国家税务总局公告〔2017〕第 41 号)，为联营体解决上述问题提供了有效方案，可由牵头方向参与方开具"境外承包工程项目完税凭证分割单"，由参与方在主管税务局进行抵扣，避免了参与方的税务风险。

5.2.5 出口退税管理

境外铁路项目涉及大量中国设备的出口，出口退税收益占比较大，联营体模式下的出口退税又是新课题，出口退税能否顺利完成，关系着项目的成败。

1. 联营体模式下境外项目出口退税难点

境外项目合同的签署方往往是国内母公司，执行由子公司实施，涉及联营体模式，具体执行则是双方子公司。由于业主只认可与母公司的合同关系，导致项目机电设备出口、收汇以及增值税发票开立对象不一致，采用一般通用方式进行出口退税无法操作。

2. 出口退税解决方案

(1)代理模式

上述联营体模式下出口退税通行方案为采取代理模式，其方案主要包括：一是报关单仍然采用双抬头；二是普通代理模式下需要牵头方签订代理协议，用以明确办理联营体项目的出口退税；三是与税务局对接，说明项目出口退税模式，以便于出口退税的管理。

(2)双抬头模式

一是经联营体与主管税务局沟通，出口退税由联营体牵头方办理出口退税，确保申报的进项税均为项目执行中所发生，且做好出口退税会计核算，不与其他项目混淆；二是加强与海关协调，报关单信息传递过程中，将项目的出口报关信息以发货单位为依据进行传递。这样可以双抬头的形式解决项目对外合同主体、增值税发票抬头，以及实际出口退税办理方不一致的问题。

3. 出口退税操作管理

出口退税具有时效性、准确性、专业性等特点。联营体项目经理部要制定出口退税操作办法和流程，规范出口退税流程，明确责任，将各环节的工作落实到岗位或人员，将各环节的工作时限进行明确，以提高出口退税的效率。

5.2.6 合规管理下的税务风险防范对策

1. 国内外税务政策的有效衔接和统筹规划

不同项目特点下，项目所在国和中国税务的税负政策往往体现出联动的形态，如基于居民税收管辖权，中国企业从境外取得的所得仍应缴纳中国企业所得税。因此，海外铁路项目的整体税负需从国内外税制进行统筹考虑，不仅要考虑项目所在国的税负，也要考虑中国的税负，利用各国税务政策，争取整体税负最小。例如中国企业在国内实施的离岸物资设备出口和服务，将引起一系列国内外纳税业务，在项目所在国进口免税的前提下，在中国境内可能涉及的出口增值税退税和服务费增值税筹划尤为重要。另外，基于中国企业在海外项目中投资实体类型的选择以及相应的交易安排，可能会出现项目所在国虽然授予免税待遇，但相应所得在取得当年仍需在国内缴纳 25%的企业所得税。这样，企业必须尽快根据两国间税收协定中有关税收饶让的条款，确保在项目所在国争取到的税收优惠能够抵免国内的所得税。

2. 综合项目经营需要，做好合同主体关系筹划

项目所在国对项目实施习惯、法律资质要求和总承包合同安排直接决定了合同主体和财税主体的设立安排。中国企业基于项目特点和经营发展，除争取更好的合同安排，如拆分合同、离岸利润或资金中心的筹划等，更应考虑企业经营长远发展，兼顾考虑业主的控制和国际反避税的影响，合理选择项目管理模式和对应主体。特别是在较发达国家和地区，合同拆分实现程度相对有限，对整体工程的履约责任、周期及操作复杂性产生影响，业主很可能对此产生疑虑。如子公司设立门槛较高，日常监管较严格，母子公司产权和经营关系相对独立且资本利得税负较高，则选择分公司或分支机构较为简便。

3. 借助当地力量、遵从当地法律，合法依规注册、申报和信息报告

中国企业在工程开工伊始，必须依照所在国家的法律规定，依法履行登记注册，及时获取纳税识别号；同时按照当地法规和监管要求，必须建立完备的会计核算和财务报告制度，及时提交经过当地审计的财务报表，承担自我纳税评估的税务申报义务。对于按照项目所在国税法、商务合同及两国间协议等能够享受税收优惠或免税的情况下，应主动按规定程序予以办理，并积极与财政部门、税务机关及海关沟通，争取享受最优惠税率或价格进行完税。总之，充分借助当地咨询、服务机构力量，严格遵从当地法律，真实、完整地完成当地会计核算和税务申报，合法依规处理与当地税务和监管机构关系，是实现税务筹划的重要基础。

4. 科学筹划，做好项目关联交易和转让定价

“走出去”企业在国内的总部经常会和境外子公司或分公司发生管理服务交易，因此对于国内总部而言，发生的管理服务费用是否符合独立交易原则是服务费用税前抵扣的前提条件之一。这就要求中国企业总部在和海外机构发生内部交易时，应根据海外经营地的实际情况梳理其关联服务的性质、收费标准等，并做好详细完整的转让定价文档，作为确定关联方交易“合理的”转让定价方法和利润率的客观数据，准备好相关的关联方交易合同。统筹安排 EPC 转让定价策略时，应充分考虑项目所在国的转让定价规定，准备完整地关联交易背景和转让定价报告资料，必要时采用预约定价安排，降低转让定价风险。

税务管理的主要目的在于防范税收风险、降低税负和争取企业利益。在实施中，还需要进一步关注对境外环境缺乏深入调研，尤其是对税务法规的研究还不充分、企业自身管理经验不足、国际复合型税收筹划人才匮乏等因素造成的各种税收风险。对于中国“走出去”企业，尤其是政府间框架下的投资或工程承包项目，从辨识和防范税收风险的角度，做好各项税务筹划工作是必经之路，这也是在坚决落实“一带一路”倡议下，实现企业高质量发展、效益最优的必然选择。

6　物资管理

6.1　物资设备管理体系

在境外铁路建设物资管理中，物资部是建设设备物资的统筹管理部门，按照计划先行、合同主导、规范行为、精益操作的工作思路，以“保供应、重质量、降成本、增效益”为目标，以“组织、协调、服务、监督”为工作定位，以保障生产为工作核心，统一组织合理调配资源，服务保障项目生产需求，监督和协调供应过程，保障物资设备供应，确保物资设备质量，降低工程建设成本。物资管理工作内容涵盖了固定资产管理、转口物资管理、当地采购管理、清关转运管理 等方面。目前，境外铁路项目物资管理工作具有数量大、种类多、流程长的特点。重点工作和问题有集中清关、钢轨和特种设备运输、粉煤灰供应、当地元素份额和质量保证等。

6.1.1　物资设备管理领导小组

境外铁路项目通常设立物资设备管理领导小组，日常管理工作主要在物资设备管理领导小组领导下进行。领导小组的组成主要包括：(1)联营体总经理任领导小组组长；(2)主管物资设备部的副总经理任领导小组常务副组长，总工程师、副总经理、总会计师任副组长；(3)组员由联营体各部门部长组成；(4)物资设备管理领导小组下设办公室，办公室设在物资设备部，物资设备部部长任办公室主任。

物资设备管理领导小组的职责主要包括审定项目物资设备管理办法，研究决定物资设备招标采购、管理等重要事项，审定物资设备采购方案和监督检查物资设备采购供应管理工作等。

物资设备部是联营体物资设备管理归口部门，负责物资设备具体管理工作。物资代理公司主要协助办理甲供物资设备的相关工作和质量监控等一体化服务。物资设备部职责主要包括：(1)认真贯彻落实工程建设物资设备的政策、法规和规定，负责编制物资设备管理的有关制度和办法。(2)负责联营体建设项目物资设备管理工作，建立物资设备采购供应管理体系，降低采购供应成本，确保物资设备采购工作质量。(3)负责物资设备招标采购及合同执行，及时上报物资设备采购计划，按时完成物资设备采购相关工作；对有关物资设备合同款的支付进行签认；本着“现场第一”的原则，组织物资设备的供货、调剂，遇有特殊情况，及时采取应急措施，协调资源分配和采购各方关系，多渠道组织资源，确保现场物资需求。(4)负责按相关规定提报管理甲供物资设备招标采购计划，负责该类甲供物资设备采购合同的谈判、审核和签订工作。(5)负责组织相关物资设备市场调查，对供应商的生产能力、产品质量、企业信誉、售后服务等相关情况组织有关部门及单位进行考察，对参加投标的物资设备供应商的资质进行审查、确认、登记和备案等。

6.1.2　物资设备分类、范围及平台

国内铁路项目物资设备通常分为甲供和自购两类。甲方供应的物资设备主要包括工程物

资设备和运输生产设备，为建设单位自行采购。自购物资设备是指用于工程的除甲供物资设备外的其他由承包方采购的物资设备。在境外铁路项目建设中，结合建设物资规模、技术需求和所在国当地资源等因素，可以将建设物资分为联营体采购物资、监控物资和协作单位自购物资三类(简称甲供、甲控和自购物资)，并纳入协作单位施工合同。遵循归口管理、分类采购、分级管理原则，各级单位物资管理部门按照物资分类实施物资计划统计、采购、供应接收和保管使用工作，承担各自范围内的物资管理责任。

甲供物资由联营体负责采购并发运至参建单位仓库，联营体承担货物交接前所有成本，参建单位负责甲供物资的现场管理，使用量超出设计量由参建单位承担。甲控物资一般分为当地甲控物资、国内进口甲控物资和第三国进口甲控物资。当地甲控物资由联营体搭建招标平台进行当地采购，各参建单位分签采购合同，货款由联营体统一支付。国内进口甲控物资由联营体在国内招标采购并签署采购合同，货款由联营体支付，相应成本转账至各参建单位列支。第三国进口甲控物资由联营体集中采购，成本由各参建单位列支。

同时，应积极搭建当地采购平台。充分考虑项目所在国当地供应商采购的特殊性，为提高当地物资采购沟通效率，避免当地税务和支付等法律纠纷，通过搭建招标平台进行当地采购，各协作单位共同参与供应商考察、采购条件制定和集中采购过程，按照平台采购结果分签采购合同，再采取统一协调供应过程，供应商免税函集中办理，货款统一支付。

6.1.3 计划管理

考虑到境外铁路项目物资采购供应周期较长，转口物资的计划管理是项目物资供应工作的中心，所有围绕物资供应工作围绕计划开展。大部分物资按照半年至一年期限确定采购计划，供应过程通过增补计划和标段间调剂进行细微调整。

参建单位根据设计图纸及施组进度制定采购需求计划。对于国内进口物资，制定年度采购需求计划，按年度进行采购；对于第三国进口物资，如粉煤灰、沥青等，制定季度采购需求计划，按季度进行采购。如因设计变更引起物资采购失调，采用标段调剂和紧急采购等方式解决，对于没有规格也可以提前确定价格的物资，如道岔、预埋件等，可提前按照数量招标，确定规格后发货。

6.1.4 物资质量管理

联营体应加强落实物资设备采购、供应单位的质量责任。

(1)组织参建单位在各自责任范围内对物资设备质量逐级分工负责，建立健全质量责任制，明确物资设备采购供应管理中各环节责任人及其责任，把好采购、生产、运输、验收等关键环节，杜绝不合格物资设备进入施工现场。

(2)建立健全物资设备质量跟踪、分析、追溯制度。各相关单位在物资设备接转、使用过程中，须按照联营体的要求，完善物资设备质量记录制度，保证产品质量的可追溯性。

(3)组织参建单位定期召开物资设备质量管理分析例会，对物资设备质量状况进行总结，对物资设备质量问题进行分析，明确发生原因，确定责任者及处理结果，提出防控措施。

(4)采购过程应将物资技术、质量要求纳入采购合同条款，督促供应单位加强原材料采购、生产制造、检验检测、运输和售后服务等关键环节的质量管理。

(5)对物资采供全过程实施质量控制，包括源头把关、过程控制、入场验收和现场管理过程。源头把关环节，在提出采购计划同时，项目提供详细的物资技术规格、执行技术标准、包装运输存储条件、试验要求、验收规范、现场服务等技术条件，以便对采购给予指导。

境外铁路项目对于质量要求高、风险较大的物资设备应实行驻厂监造制度，可根据情况聘请专业机构进行驻厂监造，对物资设备制造全过程进行监督。物资设备出厂时，应按合同约定附监造记录和出厂检验报告，并发至联营体及接收单位。如橙线项目聘请监理公司按规定对进场物资设备进行检验、见证取样或平行检验，做好新产品、新设备、新系统的质量监测，组织物资代理公司依据质量检测、验收规则，做好甲供物资设备采购供应全过程的质量监控，督促物资设备生产企业加强原材料采购、生产管理、产品检验检测、包装和售后服务工作，协助现场监理做好物资进场后的随机抽检工作。

6.1.5 合同管理

境外铁路项目计划财务部是合同的归口管理部门，联营体物资设备部负责承办甲供物资设备采购合同的相关工作。物资采购合同应以合同书方式规范签订，合同的标的、价款、履行期限、质量要求、违约责任等主要条款应当与采购文件和供应商响应的内容保持一致。物资代理公司协助联营体物资设备部及时建立物资设备合同台账，并对供应商合同的履约情况进行动态跟踪及管理。在合同履行过程中，如实际履行或适当履行确有困难而需要变更、解除合同时，联营体物资设备部应会同计划财务部和当地法律顾问在法律规定的期限内与对方当事人进行协商，按照程序变更或解除合同、完备相关手续。

6.1.6 验　　收

对发运前具备抽检试验条件的产品，在生产完毕出厂前，由联营体对物资实施现场抽样，经第三方权威检测机构进行检验合格后方可集港。第三国物资发运前，需要由供应商进行自检并提供国际权威试验机构试验室出具的合格试验报告。

供应商将物资运抵指定交货地点后，联营体应联系监理单位和参建单位按规定及时组织物资进场验收，依据合同约定对进场物资设备的品名、规格、型号、数量、外观、出厂检测报告、合格证书等进行检查验收。按规定进行现场质量抽检的物资设备应按照采购合同技术规格书及相关规定进行检测。属于需认证、许可的物资设备应具有相应的证明文件。驻厂监造物资必须附有监造单位出具的监造证明。新型物资进场验收时应检查技术评审报告和产品质量检验报告。每批次物资设备验收合格后，须由联营体、监理单位、参建单位、供应商等参与验收的各方签字确认。要求参建单位物资部门建立物资质量问题档案，对合同履行过程中或物资使用过程中出现的质量问题记录在案，保证物资质量问题可追溯。属于重大物资质量问题、造成经济损失的，应及时向联营体通报，同时按照合同追究供方经济责任。同时，加强现场物资管理检查，要求各参建单位根据物资性质和存储规范进行物资的存储管理，坚持物资先进先出原则，减少因管理和环境原因对物资质量影响。

6.1.7 风险分析和防范

1. 市场价格风险

结合境外铁路项目建设模式，在 EPC 项目建设阶段物资采购中，市场价格风险是影响物资采购及管理的最大风险。若在采购中遇到价格比原测算甚至原合同价格上涨、甚至出现不可控制的风险,会增加项目造价成本,甚至造成现金流困难,进而影响项目整体效益。

2. 供应商风险

境外铁路项目 EPC 模式下供应商风险主要包括:

(1)供应商夸大生产能力和自身资金能力等,使买卖双方信息不对称,卖方最终获得合同后不能满足供货要求,致使买方急需的设备或者材料短缺,进而影响现场施工效率,延长建设周期,增加建设成本。

(2)供应商对质量管控不严,轻则影响工程质量,重则造成质量安全事故,在造成人员死伤和经济损失的同时,影响项目按期交工和后期顺利投产。

3. 合规风险

由于境外铁路项目建设周期长、涉及设备和材料种类繁多、质量要求高,合规风险主要集中在采购方式和方法不符合中国招投标法、民法典及相关法律法规的要求及项目所在国当地法律法规。

4. 合同风险

境外铁路项目合同风险是指设备和材料采购合同内容未对买卖双方权利和义务约定清晰,不能完全覆盖双方履行各自义务的全过程以及相关细节要求,未能起到保护各自权利和义务的作用,以至于双方发生矛盾后不能及时高效的协商解决并有可能造成延期或者终止交货,增加项目建设进度风险和成本风险。

针对以上风险,联营体一要注重对项目所在国及中国招投标法、民法典等进行专业培训,培养复杂国际形势下的专业人才,同时应加强对采购岗位法律意识和项目所在国法律法规的学习;二要加强物资团队管理,加强对铁路工程设备和材料常识、原理等培训,尤其是重视复杂国际形势下项目所在国对设备、材料环保性能的要求;三要熟悉项目所在国市场及周边国家市场,建立完善的供应商体系;四要高度重视合同权利义务,合同应强调卖方对实现按期交货做出承诺,并明确约定如卖方无法实现按期保质交货时,卖方应承担的对买方的损失做出的赔付方案。同时,合同应细化卖方对质量和售后服务做出的承诺,如卖方无法供应满足项目工程质量标准的物资,需承担何种责任,是重新生产还是缴纳赔付款,并对由于质量不过关导致重新生产或者买方寻求其他卖方资源而产生的损失赔付等。

6.2 物流管理基本模式

本节根据蒙内铁路和橙线项目联营体模式下工程物流管理实践,从创新组织管理架构、日常单证基础管理、现场安全质量管控、全过程成本管控四个方面介绍国际工程物流管理的基本模式。

6.2.1 境外铁路项目物流特点

境外铁路项目物流是指大型专业物流公司按照合同要求,为客户大型和成套设备的进出口、海外承包工程业务提供从工厂到工地的国际间综合物流服务,是综合物流行为的跨国延伸。它包括从国内工厂的产品包装设计、单证缮制、集港运输、保险代理、口岸清关、仓储理货、租船订舱,到国外口岸清关、转运以及目的地卸货、验货、交接等物流行为。以下从境外铁路项目物流管理主体的角度出发,紧密联系实际,集中论述工程物流管理模式,力求为国际工程物流的管理者和参与者提供更具现场感和可操作性的思路、方法及作业流程。

1. 需求概况

在蒙内铁路建设中，项目转口物资设备规模大、频次高，自开工至2017年5月30日，共计清关2 513票，其中集装箱票数2 160票，集装箱数量18 103个；散货票数353票，质量16万t，73万m^3。各类集装箱和散货合计陆运2.77万车。项目组织参建单位专业人员组成清关转运组，驻扎蒙巴萨港口统一进行所有参建项目进口货物的清关和接运工作。项目与蒙巴萨约10家运输公司进行了运费的集中谈判和签约，对所有清关物资统一安排运输分发。统一清关接运的筹划提高了清关效率，降低了清关和运输成本。

橙线项目工程物流需求主要有国内段运输服务、国外段运输服务及相关过程和环节所涉及的一些衍生性服务。项目建设总包商指定三个主要集货港，各供货商负责将物资设备运送至离其最近的集货港，再由物流服务提供商统一安排海运运至巴基斯坦卡拉奇港口，并继续陆运运至拉合尔施工现场，同时由物流服务提供商负责出口报关、进口清关及车船衔接、港口和现场货物装卸等环节的文件和操作工作。项目所需运输的主要物资设备涵盖超大超重（如轻轨车辆、内燃调机）、超长（如钢轨）、精密仪器（如轻轨通信信号设备、变压器）、危险品（如灭火器）等多品种规格，产品性质不一。在实际物流运输中，根据不同产品特点将货物运输服务分成两大类：一类为易损件及精密设备，应使用集装箱运输；另一类为超重、超长、超高、超宽件或普通散货，可使用杂货船运输。

2. 工程物流特点

境外铁路项目涉及上千个生产厂家，需要由项目两国相关企业及政府管理部门联合提供服务，其中由供货商、制造商、仓库、配送中心和渠道运输商等构成完整的物流网络系统，为终端客户提供商品、服务或信息。该系统是从最初的供货商到最终用户整个链条上的企业关键业务流程和关系的一种集成。

(1)物流系统组成复杂性

物流系统涉及生产企业及供货方、物流承包商、汽运和海运运输企业及港口运营企业、海关等部门，需要将各相关政府部门和企业有效组织起来，形成一个高效的服务系统。

(2)运输方式多样性

运输管理的核心是提前安排组织车辆和跟进施工单位卸货还箱，帮助参建单位降低滞箱成本。如蒙内铁路转运站承担着内马铁路项目各协作单位所有进口物资发运任务，送货地点涵盖内马铁路项目全线，突出特点是物资发运量大，发车频率高。在运输商选择上，对蒙巴萨各个运输公司进行前期考察、走访、调研，了解其公司规模、车型车数、管理水平、运费报价等，根据运输商的规模和运输能力，安排组织发运车辆。在橙线项目建设中，项目物资供应链全程近15 000 km，其中中国境内公路集港运输平均1 000 km，海运近6 000海里，巴基斯坦港口至拉合尔施工现场公路运输1 200 km。根据不同物资设备品类，采用公路、海运、少量空运等运输方式，以及件杂货船和集装箱两种装运方式，对保证运送质量和运送效率提出了挑战。在中老铁路建设中，运距远，周期长，运输过程中面临的不确定性因素多，同时，面临中国国内运输、跨境运输、老挝境内运输几种不同的运输形态，运输组织难度大，以及存在海陆联运、公路运输等不同的运输组织方式，对运输组织的要求高。

(3)物资设备不规则性

轨道工程物资设备，大的如地铁车辆、电扶梯等，小的如螺钉、导线及有关精密仪器、材料等，对装载和装箱方案、运输方式的制定和选择提出了更高要求。如在蒙内铁路项目，针对陆运钢轨，通过详尽的对米轨铁路运输与公路运输的实地考察，认真研究两种方案的可行性与成本，最终通过与当地运输商谈判比选，开拓了一批适用于超长、超宽、超重件的陆运运输车队，有效解决了项目钢轨、机车、大型结构件的肯尼亚境内运输问题，保障了项目物资设备及时供应。项目陆路运输钢轨 8.2 万 t 计 55 814 根，累计运输达到 3 100 车。针对铁路运输轨道设备，为提高运营机车车辆接运效率，保证机车车辆安全，项目在港口 11 号泊位设置机车车辆接运临时线，实现安全接运机车车辆 958 台，节省了陆路运输成本。

(4)外部环境的风险性

境外铁路项目物资运输往往受长途海运、气候环境的影响，在高风险国别也通常会受到项目所在地公共安全影响，作为项目管理主体须高度重视物流系统建设，按照全方位、全过程、统一管理控制的原则，建立工作界限权责明确的国际工程物流管理体系。

6.2.2 物流管理实践

6.2.2.1 以商务合同为纽带的组织管理架构

橙线项目工程物流系统中涉及项目总包商、供货商、物流服务提供商及其海外代理、项目业主等主体，各主体间需要紧密连接和相互配合，任何一个环节出现问题都可能导致 EPC 项目延误工期甚至停滞。为适应项目需要，联营体坚持探索创新，从落实合同管理、明确交易关系入手，建立组织管理架构。联营体分别与有关供货商签订采购合同，与物流服务提供商签订物流服务合同；然后供货商与工厂签订生产合同，与物流服务提供商签订相关代理合同，在此基础上形成有机统一、紧密合作的组织管理体系。

橙线项目组织管理架构的创新性集中表现在：一是以商务合同为纽带，以法定的交易关系对各项目部进行硬约束；二是以明确责、权、利为核心，直接与经济效益挂钩；三是以建立工作机制为抓手，从相关供货商和物流服务提供商中抽调专业人员与总包商合署办公，保证各项管理目标得以实现。实践证明，依据该组织架构形成的管理模式较适合境外铁路项目物流的需要。

6.2.2.2 以单证为基础的日常管控模式

在境外铁路项目物流管理中，各类单证是最基本的工作信息和最基础的管理依据，必须高度重视各类单证的缮制、填写、审核与管理工作。境外铁路项目物流运输中使用的单证主要有租船通知、箱件清单、港口货物交接单、报关发运汇总单、报关单、提单和公路运单等。

物流运输单证的制作和管理应重视以下方面：

(1)因不同物流服务提供商所使用的单证格式特别是其中关键条款的缮制内容有所差别，为便于规范管理，经与国内外如海关、税务等有关部门反复咨询和协商后，联营体统一进行了单证缮制要求和内容约定，保证每批发运物资单信息相符，同时也便于联营体对日常物流工作的审查、核算和归档。

(2)项目部注重加强单证的审核管理。通常由供货商按照规定的模板提交最初数据，项目部工程专业经理和物流专员分别进行商务和发运基础数据审核，最后由物流服务提供商进行出口单证信息的审核及报关、清关和运输单据的制作。

需要特别注意的是，包括出厂技术资料、出口单据、运输单据等所有单证的信息应及时搜集、整理、更新，做到单单相符。这些单据不仅是物流运输的必备文件，也是项目部执行 EPC 总包任务中与业主进行工程建设和安装等费用清算的重要依据。因此，如实、有效、完整的单证流转过程管理，既是高质量物流管理的保证，也是确保工程进度的需要。

6.2.2.3 以安全质量为重点的现场管理控制

境外铁路项目工程物流全流程的现场管控是实现项目物流工作目标的关键环节。

(1)详细制定全链条、全过程的管理流程，做到环环相扣，紧密衔接，全覆盖，不漏项。

(2)根据项目特点盯住重点环节，进行重点把控。以橙线项目为例，重点环节主要有：货物出厂前质量检验，确定运输包装材料和形式，确定运输及装箱和装载方案，与供货商、物流服务提供商在港口责任交接，办理出口报关及进口清关手续，现场接卸、仓储管理等。对上述重点环节，除需物流管理系统各方认真履行职责外，项目部物流管理团队还要组织人员到现场重点抽查、把控。

(3)建立核查机制，形成“确立控制标准、评定活动成效、纠正偏离标准”的闭环管理程序。在项目开始时，分别针对供货商、物流服务提供商制定工作标准及操作流程，并建立相应的绩效考核办法。在实际运输中，联营体组织对重点环节进行现场督导和监控，随时掌控每批货物发运全过程信息。同时，及时纠正和整顿发现的问题，动态考核工作绩效，定期发布考核结果，公布相应的经济奖罚数额。这种分时段、有节奏、循环式的闭环管理模式可以有效保证现场管控流程的落实。

6.2.2.4 以效益为中心的工程物流成本管理控制

在境外铁路项目工程中，物流成本一般占工程建设合同总额的 5%以上，工程物流成本的管理控制直接影响着项目的效益。如何以最少的资金成本高效、优质地完成物资设备运输是境外铁路项目物流管理的中心任务。

1. 从物流合同入手控制总成本

按照同等服务质量前提下，合理低价中标原则选择物流承包商。经过审慎比选综合技术方案、服务能力和风险防控三项内容和指标，再结合经济、合理的报价水平，初步选定物流承包商，通过谈判签订总价固定合同。EPC 总包商与物流服务提供商在界定各自的责、权、利后，依据总包合同中物资设备清单上所需货物特性和运输要求，对物流服务提供商提供的报价水平进行专业、系统的分析研究，并综合考虑运输市场水平、工程工期计划、物流服务提供商操作实力、总包商管控能力等影响物流价格的因素，确定所签订合同的性质。同时，针对当地经济、政治环境情况，还考虑了港口拥堵、罢工、斋月、清关货物查验及不可抗力等因素，最终总包商与物流服务提供商签订货量一定条件下的总价包干合同。物流合同使物流成本控制在工程预算水平以下，所占工程总承包合同总价比例也明显低于其他国际工程项目平均水平，有效防止了一般项目物流成本因种种因素变化突破预算、挤占项目利润空间的可能性。

2. 物流成本构成及控制

(1)物流成本构成

境外铁路项目实施过程中，为有效控制成本，必须详细分析物流成本构成要素，有针对性地分项做好成本控制工作。以橙线项目为例，物流成本主要构成为：

①运输成本,主要包括国内外的陆运、海运等费用;

②装卸与搬运成本,主要包括工厂、港口和现场的装卸箱、车及船费,掏装箱以及短途搬运费;

③包装成本,主要包括材料费、机械费和人工费;

④仓储成本,主要包括仓库、货场等各类仓储费;

⑤管理成本,主要包括物流管理人员的工资、差旅、办公、通信等费用;

⑥其他成本,包括垫付进口关税、信息追踪及物流网络优化设计等费用。

(2)物流成本控制

针对影响物流总成本的各项要素,应采取各不相同、有计划、有步骤的控制方法,以达到物流成本管理的预期目标。橙线项目采用了以下方式降低物流成本:

①降低运输成本。例如,将集装箱货物和杂货物分为两大类进行管理,可做到集中货量分别与班轮船和散杂货船公司订舱运输,不仅能够争取到运费优惠,而且运输组织效率更高。

②降低装卸成本。工程项目物资使用特种箱运输的情况较普遍,在充分掌握物资设备自身性质、运输包装和装卸限制要求后,优化包装形式及材料,合理规划装箱方案,科学组织装卸作业。

③降低仓储成本。配合现场施工进度要求,根据全程物资运输所需时间,合理安排货物的启运计划,在合适的时间将物资运送至现场,减少在仓库堆存时间,提高仓储效率。

④减少中转环节费用。提前制作各种出口报关、进口清关的单据,以保证货物到达港口、现场后能够立即办理相关进出口手续,最大限度减少中转时间,提高中转效率。

6.2.3 物流管理建议

(1)加强国内采购团队支持。境外铁路项目从调研、采购、质量控制、发运到现场服务全过程,都需要国内专业化采购队伍和专家团队共同协作,物资设备供应须在国内有专业的采购供应团队作支撑。以蒙内铁路为例,物资设备的成功供应保障重点在国内项目设备集采、进口甲供控物资、机车车辆和站后设备选型和谈判采购。

(2)建立仓储配送体系。境外铁路项目物流管理是一项具有专业性和挑战性的复杂的系统工程,必须精心组织,统一实施。整个系统各环节既相对独立,又环环紧扣,形成有机整体。在做好物流自身管理的同时,还要最大限度发挥物流管理的贯通作用。在中老铁路建设中,老挝跨境物流通关申报程序多,物流组织和供应保障存在一定困难。面对困难和实际情况,中老铁路物资团队实施以磨憨和万象等为甲供物资储备基地的仓储配送体系,依托沿线三个基地开展仓储、配送管理工作。鉴于地理位置、存储能力、交通条件上的差异,三个基地在功能、定位上有主有次、相辅相成。磨憨基地是北线陆运物资进入老挝的主要节点,也是中老铁路主要的物资集结地,辐射范围是北部地区一、二标的四个卸货地点和万象基地等。超过 40%的钢材和其他大部分甲供物资在该基地进行集结。万象基地是南线海陆联运物资进入老挝的主要节点,接收南线海陆联运经由泰国林查班港口和 4 号公路进入老挝的甲供物资。该基地存储、分拨部分标段所需的甲供物资。三个基地存储的甲供物资可根据实际需要进行调拨,切实保障项目物资供应。

(3)境外铁路项目物流管理涉及多家经营主体,必须以商务合同为纽带,明确各方权责,实施硬约束。在实践中应严格遵守物流商务合同的内容,坚持合同的法律效力,做到责权明确,合理分担风险，实现各方主体利益。同时，加强与物流管理单位的密切沟通配合，把总包商、供货商和物流服务提供商的工作紧密衔接起来，提前准备，彼此照应，才能顺利完成物流任务。

(4) 境外铁路项目物流涉及多国多方，必须认真研究有关法律政策，依法合规办事，防范项目风险。国际工程物流涉及专业多，需要在实施各环节中研究相关法律法规，做到凡事有法可循、有据可依，特别是涉及海关规定、税务规定、特殊货物运输要求等。

(5) 注重培养和引进国际工程物流专业人才是高效完成国际工程物流项目的根本保证。境外铁路项目物流管理对专业服务能力要求较高，需要专业人员实施专业管理，既要非常熟悉国际商业规则，又要具有项目管理能力，同时还要具备物流专业领域知识，才能全方位、全环节、全流程地管理控制整个物流运输系统。

7 工程质量管理

基于EPC总承包商视角，联营体模式下境外铁路建设项目工程质量的关键因素主要分为设计、采购和施工三个阶段。首先需要明晰EPC总承包商在工程质量管理中的角色定位是质量影响因素的前提。EPC总承包商在铁路工程质量管理中负责传达工程质量要求，时刻关注工程施工进度，严格管控过程质量，在质量管理工作中发挥着指挥主导与沟通协调的作用。其次要高度重视设计接口与界面管理、施工单位综合实力两个因素以及阶段性验收工作。由于铁路项目工期较长，EPC总承包商需对工程各关键工序实施阶段性验收工作，及时发现问题、解决问题，保证各工序质量达标。业主定期或不定期对工程质量追踪检查，促使供货商加大质量管理力度，从而提高整体工程质量。

7.1 质量管理内控体系

7.1.1 项目质量目标和管理依据

境外铁路项目工程质量遵循依法管理、系统控制、严格标准、落实责任。

1. 项目质量目标

(1)开工必优、一次成优、全线创优；

(2)各检验批、分项、分部工程施工质量检验合格率达到100%；

(3)单位工程一次验收合格率100%；

(4)在合理和正常使用条件下，隧道、桥梁、路基等工程结构的施工质量满足设计寿命内正常运营要求；

(5)竣工文件做到真实可靠，齐全整洁，实现一次交接合格。

2. 项目建设质量管理一般依据

(1)项目所在国、中国有关铁路工程建设质量的方针、政策、法规和规定；

(2)项目所在国、中国颁布的有关技术标准、规范、规程、验收标准等；

(3)经批准的有关本工程的技术标准、设计文件和施工组织设计等；

(4)联营体与设计、咨询、监理、施工、物资设备供应、第三方检测等单位依法签订的有关合同；

(5)联营体有关本工程的文件、通知和会议纪要。

7.1.2 管理机构及职责

境外铁路项目应加强对参建单位建设过程中的工程质量进行管理、监督和指导，联营体应组织设计和施工等单位按合同约定，履行相关的义务和承担质量责任。在项目前期，应组织各参建单位建立健全质量保证体系，设立现场质量管理机构，配齐配强专职质检和各级专业管理人员，做到机构健全，同时完善管理制度，做到管理职责明确，岗位责任制落实，包保责任落实到人。

联营体应成立工程质量管理委员会，由总经理任主任，分管副总经理任常务副主任，总工程师、各副总经理、总会计师任副主任，各部部长任成员，下设办公室，主任为安全质量部部长，负责日常质量管理工作。

质量管理委员会主要职责应包括：

(1)审定质量管理文件和项目控制性工程质量保证措施；

(2)制定工程建设质量方针、目标及创优规划，督促参建单位建立质量管理体系；

(3)审核项目质量管理文件；

(4)审查参建单位的质量管理文件；

(5)审查建设过程中采用的新技术、新工艺、新材料和新设备；

(6)调查和处理质量事故，审定处理方案；

(7)定期组织质量管理专题会议，研究部署质量工作；

(8)开展质量监督检查和考核等活动；

(9)开展首件工程评估活动。

7.1.3 设计和参建单位主要职责

1. 设计单位主要职责

(1)严格贯彻执行国家、国铁集团颁布的技术政策、工程建设强制性标准和国家有关部门关于项目建议书、可行性研究报告和初步设计审查批复意见，设计文件必须达到规定的设计深度，并对勘察设计质量负责。

(2)设置现场配合机构，配齐专业技术人员，积极配合施工单位工作，及时处理现场问题，并做到原因分析准确，处理方案经济合理。

(3)按规定对审核合格的施工图进行技术交底，对特殊工程、关键工序、新技术、新工艺设计应详细说明。

(4)按照验收标准规定，参加检验批、分项、分部和单位工程施工质量的验收，发现违反设计文件进行施工的，及时通知联营体。

(5)参加质量事故调查，提出相应的技术处理方案，并对因勘察设计原因造成的工程质量事故承担相应责任。

(6)按规定做好质量技术资料的整理、归档等。

2. 参建单位主要职责

(1)严格执行国家、国铁集团有关质量的法律、法规和工程建设强制性标准以及公司质量管理办法，按照有关规程、规范、标准和审核合格的施工图施工，对施工质量负责。

(2)进行施工图现场核对，发现勘察设计与现场情况不符时，及时以书面形式通知联营体。

(3)按照验收标准和设计要求，对用于工程的原材料、构配件、设备等进行试验检验；未经试验检验或试验检验不合格的禁止使用。

(4)严格按投标承诺和合同约定配齐施工质量保证资源。

①设置现场施工管理机构，配备合格的项目经理、技术负责人和质量负责人，并明确其职责；

②独立设置质量管理部门，明确分管领导，配齐配强专职质量管理人员，建立健全质量保证体系、质量责任制；

③制定质量管理制度，落实质量责任制；

④设置符合规定和满足施工需要的试验室，并配备满足质量控制要求且有相应资格的试验人员和相应的试验、检验和检测仪器设备等；

⑤配置满足要求的施工机械设备，确保工程施工质量得到有效控制；

⑥从事技术、质检、试验、材料、设备等主要人员必须经技术培训且考试合格后方可上岗作业；特种作业人员必须持证上岗；

⑦加强施工过程控制，严格工序管理，强化质量自控，按规定做好隐蔽工程的检查、记录和确认；

⑧发生工程质量事故后，必须按规定报告，并立即采取有效措施，防止事故扩大，保护事故现场，协助事故调查，并对因施工原因造成的工程质量事故承担相应责任；

⑨按规定做好质量技术资料的收集、整理和归档，保证竣工文件真实、完整等。

7.1.4 管理制度

1. 技术交底制度

施工图设计完成后，联营体会组织设计和施工等各方召开技术(设计)交底会议，明确工程的设计目的，了解设计内容和技术要求。

2. 开(复)工报告审批制度

工程开(复)工前，各参建单位应按联营体要求办理开(复)工报告审批手续，未经批准不得开(复)工。

3. 工程地质复核制度

设计、施工单位应对已揭示的工程地质情况与原施工设计文件进行核实，不符时由设计单位负责处理。

4. 工程测量交桩复核和施工复测制度

设计、施工单位应密切配合，各自建立测量复核责任约束机制。设计单位交桩要有专题书面资料，施工单位要有接收复测签认手续。施工单位的接收复测签认手续经单位技术负责人审批后报监理单位批准。

5. 变更设计审批制度

施工过程中需变更设计时，按照变更设计管理有关规定办理审批手续。

6. 质量保证措施审批制度

开工前，施工单位应将工程质量保证措施报监理审批，重要工程质量保证措施应报联营体审批后实施。

7. 培训上岗制度

各参建单位人员必须进行岗前培训，熟悉有关法律法规、合同、设计文件、施工规程、规范、技术质量标准等，提高人员素质和质量意识，未经教育培训及考试不合格的人员不得上岗。

8. 工程质量情况报告制度

参建单位每月进行工程质量管理工作总结并报联营体。

7.1.5 工程质量检查验收管理

境外铁路项目工程质量检查以参建单位质量自控为基础，充分发挥质检工程师作用，有的国家须在当地聘请工程师落实自检、抽检、专业检的“三检”制度，使每一道工序都处于受控状态。质检工程师和质检员应完整、翔实记录自检情况。

联营体设立以主管生产的副总经理为组长的质量检查领导小组，质量检查工作小组成员由联营体安全质量部、工程管理部，以及施工单位有关人员组成。质量检查工作小组定期或不定期组织质量大检查、大评比，并将检查结果进行通报，同时依据联营体制定的有关质量考核办法给予奖罚，并以此作为每季度质量信用考核评比的依据。

联营体每季度组织一次工程质量大检查，每半年组织一次质量年中检查，每年进行一次综合质量年度检查。根据工程进展情况，还将进行不定期的质量检查。一般来说，境外铁路项目质量检查主要内容包括：

(1)质量保证体系是否健全，包括质量管理机构、质量计划书、质量控制程序、质量管理制度及质量管理措施等是否完整有效；

(2)质量保证体系的运行情况，质量保证能力及履约情况；

(3)质量管理制度和质量责任制落实情况，分工和责任是否明确；

(4)质量管理和质量控制措施的可靠性、有效性；

(5)质量检查、检验和监控手段是否科学到位；

(6)质量管理内、外业资料记录是否及时、准确、真实、完整；

(7)工程实体质量情况。

7.1.6 标准化工作

项目的质量管理离不开标准。标准化工作是项目质量管理的基础工作。加强标准化工作对改善项目工作质量、工程质量、产品质量有重要意义。标准，一方面是衡量产品质量和各项管理工作质量的尺度，另一方面又是项目组织进行各项生产技术活动和管理活动的依据。因此，在项目启动之初应收集整理与项目相关的各项国际标准、国家标准等技术标准和管理标准，包含产品质量标准和验收检验标准。

7.1.7 质量信息工作

项目质量信息工作渗透项目质量管理工作的全过程。项目质量信息是项目质量活动中的各种数据、报表、资料和文件，反映项目实施过程中质量工作状态和项目质量产品的主要依据，是搞好质量管理不可缺少的一项基础工作。项目质量信息工作的关键主要体现在：注重原始信息的完整性和真实性；正确收集和处理信息；明确信息源；制定信息流程；明确信息传递、反馈的渠道；确定输入输出、流向及时间具体要求；建立质量信息管理系统。

7.2 影响工程质量的主要阶段

7.2.1 勘察设计阶段

勘察设计阶段一般位于可立项和初步设计阶段之间，是为满足铁路建设的规划、设计、施工、运营等需要，对线路一定范围内的地形、地质及水文等状况进行测绘、勘探测试和调查，并就设计条件提出勘察意见。勘察工作包括初勘、详勘等内容。在勘察的同时，应查明是否存在地质病害，明确地下管线，为后期的线路设计、建(构)筑物(高架桥和隧道等)施工等提供参考和依据。

7.2.2 设备采购及安装招标阶段

设备采购阶段应注意选取技术成熟、质量过硬的产品，从有正规资质和铁路供货业绩的生产商或供应商处采购。在满足要求的前提下，优先选择国产设备，以满足国产化率要求。铁路设备采购应进行招标，传统的做法是确定一家中标单位，由其进行供货和设备安装。在工程实践中，为确保项目顺利实施，在确定中标单位的同时可确定一家备选单位。这样做的好处有：一是中标单位出现问题无法保质保量履行合同时，备选单位可立即进场履约；二是备选单位的存在，可督促中标单位认真负责地履行合同。

7.2.3 施工图设计阶段

施工图设计阶段的质量管理重点在于确定合理的出图时间计划和专业间对图。由于工期紧张，专业设计有时被要求以不合理的时间出图，为后期施工埋下质量隐患。为提高施工图质量，业主应与设计单位商定合理的出图时间计划，保证施工图质量。在铁路建设实践中，业主往往会雇佣专业的设计咨询单位对设计工作进行管理。为避免以上问题，业主、设计咨询单位、设计单位、监理单位、施工单位应根据现场实际情况，经多次讨论协商后，科学合理地确定可行的出图计划，明确各专业的出图先后顺序。在出图过程中，还应不断进行跟踪，并进行动态调整，以满足现场施工需要。由设计咨询单位或监理单位协助业主制定出图计划是一个不错的选择。

境外铁路项目各专业图纸之间具有一定相关性，为保持图纸一致性和准确度，应进行专业间对图。如土建专业图纸上机电设备专业预留孔洞与设备工程专业图纸上预留孔洞应一致，综合监控专业及其受控专业的接口在相关专业图纸上应一致等。虽然此原则较重要且清晰明了，但在实践中常常未被认真执行，导致机电设备基础尺寸错误，预留孔洞位置、大小不正确，受控专业图纸与主控专业图纸不一致，给后期质量管理带来困难。在工程实践中，应由设计咨询单位牵头，业主、设计、监理和施工单位参与，建立专业对图机制，定期召开专题会议，跟踪、督促专业间对图工作。在图纸会审阶段，各方还应进一步核对相关专业图纸，务必将专业图纸之间的错误降至最少。

7.2.4 设备安装阶段

设备安装阶段是城市轨道交通质量控制的重要阶段，除了常规质量管理，还应重视设计交底和图纸会审工作。设计交底通常由业主组织，专业设计、监理和施工单位参加，以会议形式进行。会上由设计说明设计意图，介绍施工中的重点、难点及注意事项。图纸会审是在蓝图下发后，业主、监理、施工单位等各方对图纸进行审核，提出问题。由监理组织图纸会审专题会，专业设计在会上解答各方提出的图纸问题，形成会议纪要。在国内的城市轨道交通建设中，设计交底和图纸会审已形成制度，但在国外的城市轨道交通建设中，设计交底和图纸会审流程往往不够规范，通常是施工单位提出图纸问题，设计解答，缺少了业主和监理的监督，图纸问题常常得不到及时和有效解决。

7.3 质量管控关键因素

基于以上分析，要实现既定的质量目标，关键是要抓好铁路建设项目的控制体系建设。结合各铁路建设项目自身特点，分析总结项目在控制质量意识、质量行为、方法和手段、实体质量管理等模型最底层影响因素方面的实践经验。

7.3.1 质量意识

1. 通过交流提高外方合作伙伴的信任度，增强安全质量意识

为更好地推行中国铁路建设“标准化、工厂化、机械化、信息化”的要求，提高铁路建设管理水平，分批次邀请外方合作伙伴(政府、业主、监理、施工等单位)前往中国部分在建铁路项目参观、学习高铁施工经验，实地观摩并体验乘坐京沪高铁、京津城际复兴号动车组列车。

通过现场观摩、理论讲解、互动交流、体验复兴号等环节，使外方合作伙伴近距离感受中国高铁各专业施工管理，对中国高铁建设技术和标准化施工现场管理有了较为深刻的认识和认同，特别是路基压实质量的连续控制技术、隧道开挖及衬砌施工机械化配套技术、箱梁预应力自动张拉系统、二维码技术交底及信息分享、以 BIM 技术为核心的三维铁路工程管理平台信息化应用等新技术在高铁施工上的运用，以及由此带来的对铁路建设工程质量、工期和安全等有效控制的作用。

2. 提高现场管理人员的质量意识，强化人员培训

(1)通过集中培训、专题讲座、个别指导、学习交流等活动，定期组织各专业的业务培训学习，增加现场安全质量管理人员知识储备，提高现场管理人员的安全质量意识。邀请各专业专家授课培训，讲解现场安全质量控制的关键点和检查方法，提高业务知识和理论水平。

(2)为了提高当地工人施工效率及技能，从而保证铁路建设项目进度及安全质量，在开工伊始就制定详细的交流培训计划，以强化人员培训。培训工作主要从操作层面、技术管理两个层面组织进行，按推进情况分批、逐级组织进行。如橙线项目的建设需面对的难题之一就是巴基斯坦国内没有成熟的高铁建设劳动力市场，因此需面对技术成熟劳动力不足及工人技能不强、工效不高的严峻现实。为提高工人施工技能，在联营体设立了培训基地，培训方式以集中理论培训与现场培训相结合，理论培训采取 PPT、视频、互动游戏、动画等多种方式，现场培训采取观摩、实操、互动纠错等方式，培训后进行多种形式的考核，最终实现加快当地技术工人培养，缩短技术工人成长周期，以达到为通车工期提供大批职业技术人员及操作人员的目标。

7.3.2 质量行为

1. 严格把关审查试验室

在匈塞铁路建设中，根据当地习惯做法，工程实施过程中分包商一般直接聘请具备资质的试验室对相关材料进行试验测试。因此需要对分包商拟选择的试验室进行严格把关，以保证工程质量。采取的主要把关措施有：

(1)筛查核对塞尔维亚基础设施和交通部试验室黑名单，杜绝黑名单内的试验室参与工程；

(2)与业主和塞尔维亚基础设施和交通部联合审查试验室资质;

(3)与业主和塞尔维亚基础设施和交通部建立联合监督机制,发现试验室数据弄虚作假立即停止其工作,并督促分包商更换试验室。

2. 精心选取试验段

在匈塞铁路建设中,为保障工程实施质量,中方参建单位通过每日对施工现场进行帮促,加强与当地施工队伍的磨合;针对路基工程、轨道工程与参建中方队伍精心选择试验段,开展样板工程。在试验段实施过程中实行中塞双方技术人员联合监督机制,即由中方工程师、中方塞籍工程师、业主监理工程师对试验、测量过程、结果进行联合监督、审查,以确保工程质量。

3. 大力推进技术创新,实现中国技术本土化

在橙线项目建设中,根据当地的混凝土原材料特点,开展地方资源的高性能混凝土制备及施工技术研究,统一新建高性能混凝土质量标准,明确桥隧与路基结构高性能混凝土原材料、配制、生产、施工和质量检验等关键环节技术要点,确保混凝土结构的长期耐久性能。

4. 强化承包商管理,完善协调机制

在研究承包商管理的基础上,加强与当地政府的协调,督促本土承包商方规范化施工,同时对承包商方进行必要的指导和帮助,达到与中国建设管理同步的目的,保证施工生产的顺利推进。如在橙线项目建设过程中,承包商方技术力量薄弱,且没有从事过铁路施工。针对面临的困难,首先与当地政府沟通建立起有效的协调机制,以便及时解决施工过程中遇到的问题;其次中方施工企业派出足够的技术力量下沉到施工现场对承包商方进行传、帮、带,使承包商方的技术力量能够逐渐补强,以保证承包商工程施工的安全质量。

7.3.3 方法和手段

1. 在项目前期加强质量管理检查考核

(1)质量管理机构健全,资质合格,进场相关技术人员、管理人员和施作人员,施工机械设备、仪器配备符合要求,质量管理责任落实到人。

(2)建立质量管理保证体系并经过认证,管理制度健全完善。

(3)建立、健全创优组织机构、创优规划、创优措施等,规范可行。

(4)施工工艺流程及执行情况:施工工艺、工法先进,质量保证措施有效,质量检测、检验、试验方法和结果可靠。施工过程符合工程质量要求的工艺流程。各类工程特别是重点工程、隐蔽工程、重点部位和关键工序、原材料检验及构件、设备安装的控制措施情况等。

(5)工程质量要求:分项工程、分部工程、单位工程质量符合快速铁路施工质量验收标准规定要求。

(6)建立健全管理制度和办法,技术交底、施工日志和放样复测资料齐全,各种原材料、成品和半成品合格证或抽样试验资料齐全真实。

(7)工程检查签证、工序交接记录、分项检验评定等资料齐全。施工管理过程必须符合公司管理要求,质量管理资料完整、规范,检查、检验记录真实并具有可追溯性。

2. 安全质量检查考评

联营体应不定期进行专项质量检查和抽查,每季度组织一次质量检查和考评。根据日常和每季度质量检查考评情况,可结合“优质样板工程”评比结果进行年度质量考核和评比。

3. 融合创新,建立符合项目当地国情的铁路建设质量管理制度

由于各方参建企业在管理模式、施工习惯、质量验收标准等方面均存在较大差异,根据项目的建设特点和实际情况,结合当地质量方面的相关法律法规,为加强施工的标准化管理,规范施工管理,组织编制各类规章制度,形成完整的制度体系和扎实的管理基础。

4. 管理机制并轨,统一建设要求

由于现有的建设管理是基于合同关系为纽带的管理模式,在合同管理的基础上,建立有效的激励约束考核机制,对各项目部及时、有效、客观地进行考核是有必要的。目前已将铁路建设项目纳入国铁集团和中国铁路国际有限公司的建设管理体系中,建立并完善参建企业信用评价、工程质量安全监督、质量安全事故调查、提前介入等管理机制。

5. 加强现场标准化管理,规范现场文明施工

加强现场标准化管理,规范现场文明施工,做到施工现场各类安全文明标牌统一、规范、标准,体现中国铁路建设管理水平。如结合中老铁路特点,对施工现场涉及安全文明施工的各类禁止性、警告性、指令性、提示性、明示性标牌及“五牌一图”、施工围挡、安全防护栏杆、既有公路施工安全警示牌的制作、安装和设置原则进行了明确。对现场工地的绿化环保,标牌设置,场地布置、桥、隧、路和车站等专业牌图内容等进行了进一步细化,充分展现了建设工程特点和现场进展情况。同时,在现场工地的绿化方面,引入专业园艺设计,极大提升了现场文明工地形象。同时对每一处重点工点的文明工地建设,牵头组织施工、设计、监理等单位深入现场,依据工点地形地貌和工程特点,进行系统的规划和研究,制定合理的方案,在形成规划方案后,再组织相关单位,对方案进行评审,评审通过后再行实施,做到规划起点高、方案系统性强、实施全面达标。

7.3.4 实体质量管理

在项目建设中,应充分借鉴中国铁路建设的成功经验,大力推行标准化建设,以标准化为引领,引导国外参建队伍和施工人员实现在施工过程中落实制度化管理和规范化操作的要求。因此,各项目在质量管理管理过程中,为体现中国铁路建设过程的高标准、高水平,可从以下方面大力推动建设质量管理。

1. 加强首件评估

为确保实现质量目标,抓好首件评估、样本引路是最为有效可行的办法。坚持源头把关,过程控制,精细管理的指导思想,通过首件工程评估,固化作业程序、工作内容、工艺标准,通过讨论、研究、培训等方法重点解决首件施工中的质量问题,并以此优化资源配置,明确技术方案、工用,以首件评估、样板引路来保证质量目标的实现。

2. 充分发挥作业指导书的指导作用

按照质量管理要求,针对铁路项目各分部、分项工程及工艺复杂或技术难度大的工程,应将先进成熟的工艺工法、科学合理的生产组织与建设标准、质量目标及现场施工条件结合起来编制作业指导书。现场按作业指导书组织施工,以作业质量保证工序质量,以工序质量保证工程质量,工艺流程和保证措施应充分发挥典型示范、样板引路的作用,强化工艺工法管理。结合中国高铁在施工、验收、运营过程中容易出现或不易整改的质量问题,梳理总结土建方面的质量通病,分析产生质量问题的原因,以质量突出问题为导向,积极倡导工艺改进,推行合理先进、操作方便的工艺,并督促各参建单位采取针对性措施进行工艺改进和加强管理。

3. 严格源头控制

(1)加强设计管理,督促设计单位要认真做好地质选线、地质勘探和设计方案比选等工作,加强与当地设计管理部门沟通,尽可能减少设计中的差错漏碰,进一步提高勘察设计本土化质量。

(2)加强原材料和设备进场管控,对关键的材料和设备,如电缆、变压器、各种泵阀、配电箱、通信信号设备、电扶梯及机车车辆等组织监理公司在国内进行厂检,合格后进行集港发货;对电扶梯、机车车辆和场段设备等大型设备,联营体安排专业工程师驻厂监造,确保所有部件都合格且具有可追溯性。

7.4 重要环节质量管控

7.4.1 验收阶段

验收阶段质量管理的主要任务在于发现项目建设过程中疏忽的问题,检查遗留问题整改情况。在工程实践中,境外铁路项目的验收一般分为两次:预验收和初步验收。预验收一般由监理组织,偏重检查设备安装情况,重点在于发现典型的质量问题和质量隐患。初步验收一般由业主组织,偏重验收设备功能,重点在于发现影响功能的隐性质量问题。工序验收其实也贯穿于整个施工过程,施工单位的工序质量自检,监理单位的检验批、分部分项验收和项目基本完成后的预验收和初步验收,是点线面的关系。

橙线项目合同规定,由巴方监理 NESPAK 在每道工序完成后进行工序验收并签认,无预验收和初步验收程序。为保证质量和项目的顺利实施,联营体组织各专业国内上级单位派遣专家对本专业设备安装进行了内部验收,通过联调联试单位对各专业进行设备安装和单系统功能验收,在验收阶段有效地进行了质量控制。

7.4.2 调试阶段

境外铁路项目机电设备的调试主要分为单体调试、单系统调试、接口调试和联调联试。

(1)单体调试:单个设备的调试,解决影响其功能的单个设备的质量问题。

(2)单系统调试:整个专业的系统调试,如通信系统、FAS 系统,通过系统调试使系统内各设备协同作业,共同发挥作用。重点在于发现系统功能缺陷,解决引起功能缺陷的质量问题。

(3)接口调试:在于实现两个系统之间的接口功能。例如,FAS 系统对暖通专业风机、风阀的监视和控制。重点在于发现和解决系统间的接线错误,验证接口协议的可行性和准确性。

(4)联调联试:一般分为动车调试和车站设备调试。动车调试是车辆在区间行驶时所有相关专业的调试。车站设备调试是车站内所有机电设备系统协同工作,保证轨道交通正常运行和为乘客提供一个舒适的候车环境的调试。由于联调对各专业的设计和施工质量要求极高,在联调过程中能发现大量的隐性质量问题。

以上各调试阶段是一个循序渐进的过程,每一阶段都是下一阶段的基础。其质量管理宜以点带面,重点在一个或几个站点调试中发现质量问题,然后全线排查。原则上尽早发现问题,解决在萌芽状态。在联调联试完成后、试运行开始前的这段时间,存在的质量问题应进行分类。一类为影响行车和试运行的问题,另一类为不影响行车和试运行的问题。原则上两类问题都应在试运行之前完成整改。但在实际工作中，为尽早开通，第一类问题必须在试运行之前整改完成，第二类问题可在后续阶段进行整改。

7.4.3 试运行和试运营阶段

试运行是指在轨道交通土建工程与机电工程初验合格，并完成系统联调后的非载客运行。试运行期间，将对各设备系统和整体系统进行可用性、安全性和可靠性测试及考核，以及对运营作业人员培训、故障模拟和应急演练等情况进行检验，发现问题，及时进行整改直至满足要求。试运行是轨道交通从建设阶段过渡到载客运营阶段必须经历的一个中间环节，通常试运行时间不少于 3 个月，列车在轨道上空载试跑，不对外售票载客。而试运营是在轨道交通工程所有设施设备以及整体系统可用性、安全性和可靠性通过试运行检验，经过有关部门验收合格并审批同意后，在正式运营前所从事的载客运营活动。试运营时间不少于一年，在此期间，乘客可以购票乘坐。

试运行阶段和试运营阶段的区别在于是否载客。在试运行阶段，理论上应已解决所有质量问题。在工程实践中，此阶段一般仍存在不影响行车的质量问题。由于此时运营单位一般已进驻车站，并会针对施工质量和设备功能提出各种问题。常见的质量管理工作为建立尾工消缺问题库，列明整改责任人和整改完成时间，由各施工单位向运营单位请点并进行整改。

综上所述，质量管理贯穿于整个铁路设备工程建设过程，且每个阶段的质量管理均为下阶段的基础，一环套一环。在工程实践中，最重要的质量管理原则和方法为事前控制和 PDCA 闭环管理，即在质量问题发生前或刚开始发生时进行质量控制，尽量少发生和不发生质量问题。质量管理以预防为主，一次成优，避免返工和整改。一旦发生质量问题，尽早发现，及时处理，把问题消灭在萌芽状态。每道工序都要经过策划(Plan)、实施(Do)、检查(Check)和处置(Act)，进行闭环管理。将事后控制的工作量降至最少。质量管理是个系统工程，需要全员参与，全过程管理。

7.4.4 严控工序质量，强化验收工作

首先应组织各项目部对施工工序进行自检，合格后向联营体报请初验，通过后方能报请监理验收。未通过初验的，须继续返工或整改直至初验通过为止，最终监理验收合格后方可进入下道工序。全面落实工序确认制度，明确每一道工序基本程序和作业标准，上一道工序经确认合格后才能进入下一道工序，实现可追溯、可追究，认真抓好分项、分部、单位工程的过程验收，以每一道工序的工作质量来确保工程质量。

8 安全管理

本章通过对铁路工程联营体模式下安全管理要素的提取，阐述了联营体模式下项目安全管理中应合理设置管理机构，整合资源；提出国际工程 EPC 项目应强化项目设计管理，强化风险预控并提高风险应急救援管控能力，发现并准确研判安全风险，提升安全文化软实力，进一步强化安全预控和过程控制。

8.1 安全生产管理

8.1.1 主要难点

在联营体模式下建设过程中，安全生产管理主要存在五个方面难点：

(1)在内部管理方面，因由不同企业组成的联营体，双方或多方源自不同企业文化，项目运作模式不同，从而联营体在安全管理方面需要面临较大的内部整合，如人力资源和企业文化的整合，需要完成资金、技术、劳务和管理的合作，安全文化也需要较长时间进行碰撞、冲突与融合，从而达到文化的联营及制度的融合。

(2)EPC 项目联营体模式一般具有规模大、建设周期长的特点，目前，部分境外铁路项目土建专业为项目所在国建筑企业负责施工，中国企业联营体主要负责机电工程设备的安装、调试等。由于机电系统专业较多，包括高压、配电、通信、信号、暖通空调、照明、给排水与水消防等，在工程设计、设备采购、运输、施工和安装调试过程中，相互协调难度较大，内部磨合周期较长。

(3)在外部协调方面，EPC 项目联营体模式因具有多样性、复杂性、社会性和全局性等风险特征，目标系统、管理过程系统、行为主体系统等在建设期间面临着较大的系统风险，从而在建设过程中协调所在国政府、建设方业主、监理、咨询等的管理机制难度较大。

(4)在项目全生命周期内，境外铁路工程 EPC 项目联营体模式建设安全管控涉及设计阶段、建设阶段、轨行区和带电区域管理、运营安全等重要阶段管理，管理周期长、工期时间紧、过程控制较为复杂。

(5)建设安全管理中风险管控和应急管理能力有待提高，特别是探索联营体模式下风险管控和隐患排查治理双重预防机制，以及提高有效应对突发事件的应急管理能力，包括应急组织、机制、预案、资源、应急演练等。

8.1.2 基本要素

总体来说，安全管理属于安全科学的重要基础元素，而“人-机-环境”是组成安全管理的基本要素。在境外铁路项目联营体模式下安全管理方面可以包括以下四个方面的管理要素。

1. 安全生产管理体系

针对境外铁路项目建设周期长和组织构架较为复杂的特点，以及联营体模式下容易出现的组织结构松散、利益目标不同、人员素质参差不齐等问题，企业应结合项目所在国实际情况，合理设置管理机构和安全管控层级，确保安全体系的建立和完善。可以考虑制定统一的安全管理目标，层层分解安全责任，并结合公共安全、安全生产和风险管理等方面，建立健全安全管理制度，从而保障安全体系的正常运转。同时，考虑到境外铁路对外协调难度相对较大的问题，应在联营体模式下充分调动参建单位的协调积极性，由联营体相关部门牵头，协调解决建设管理中相关安全管控问题。

2. 安全生产标准化管理

联营体模式下应高度重视安全生产标准化建设，以国家安全生产法律、法规和铁路建设标准为基础，结合国内铁路安全管理经验，坚持标准化作业流程，规范化、程序化作业，对项目组织措施、安全保证体系、安全过程控制体系、安全责任体系、监督检查措施、考核激励措施等方面进行标准化管理。特别是以安全控制为中心，突出抓安全管理基础建设、安全过程监控为重点的工作主线，完善和创新安全管理措施，编制安全管理手册，实行安全风险点分级管理和包保责任制，并建立长效机制实现安全生产"闭环"管理。

3. 风险预控体系

在国际工程 EPC 项目全生命周期内，在项目前期应对政治风险、社会风险、自然风险、金融风险、法律风险等进行风险辨识，编制、发布风险内控管理手册，收集和分析风险信息，制定合理、有效的风险管控策略，通过建立健全风险识别、确认、防范、控制以及评估、考核制度，推进风险内控工作规范化、标准化运作，保证内部控制体系的完整性和有效性。

4. 安全教育培训

在建设安全管理中，安全教育培训是安全管理不可缺失的环节，是能进行有效安全管理的强制性要求。结合国内大量的安全事故调查结果表明，安全教育培训的不到位是诱发安全事故的重要原因之一。特别是国际工程在建设周期内，涉及大量外籍劳务的管理和使用，应充分根据属地化用工管理实际，针对外籍劳务的特点开展日常安全教育培训，特别是应将班前安全教育作为安全预控管理的关键环节。

8.1.3 范围界定、主要特点、管控重点

1. 范围界定

境外铁路项目安全管理贯穿项目全寿命周期的所有阶段，包括投资决策阶段、前期阶段、建设阶段和运营阶段，其中建设阶段安全管理主要指联营体在设计、施工期间对项目实施的安全管理活动，主要包括对设计、施工、监理及机电设备材料供货方的安全管理。

2. 主要特点

以联营体模式进行安全管控，从组织结构来看主要有三方面特点：

(1)建设周期长、协调难。项目从工程设计、设备采购、运输、施工、安装调试到竣工移交业主，内部磨合周期较长，安全生产过程中相互协调难度较大，且责、权、利的分配对整个项目运作影响较大。

(2)建设单位多，整合难。不同单位安全管理理念、模式等不同，企业安全文化融合和在短时间内构建新的安全文化环境较难。尤其在海外项目安全管控中，完全适应海外项目的安全

管理还需要长期实践，对所在国的安全生产法律法规、建设环境还需要时间进行掌握。

(3)施工交叉多、干扰大。土建工程和机电工程交叉施工导致现场存在一定安全隐患。

3. 管控重点

境外铁路项目存在工期紧、施工线路长、参建单位和人员较多、施工管理和组织较为复杂的特点，现场安全管控重点主要包括：

(1)危险性较大的分部分项工程

①基坑支护和降水工程，开挖深度超过 3 m(含 3 m)或虽未超过 3 m 但地质条件和周边环境复杂的基坑(槽)支护、降水工程。

②土方开挖工程，开挖深度超过 3 m(含 3 m)的基坑(槽)土方开挖工程。

③模板工程及支撑体系，包括各类工具式模板工程：大模板、滑模、爬模等；混凝土模板支撑工程：搭设高度 5 m 及以上、搭设跨度 10 m 及以上、施工总荷载 10 kN/m^2 及以上、集中线荷载 15 kN/m^2 及以上、高度大于支撑水平投影宽度且相对独立物联系构件的混凝土模板支撑工程；承重支撑体系：用于钢结构安装等满堂支撑体系。

④起重吊装及钢结构安装工程，包括采用非常规起重设备、方法，且单件起吊重量在 10 kN 及以上的起重吊装工程；采用起重机械进行安装的工程和起重机械设备自身的安装、拆卸。

⑤脚手架工程主要包括搭设高度 24 m 及以上的落地式钢管脚手架工程、附着式整体和分片提升脚手架工程、悬挑式脚手架工程、吊篮式脚手架工程、自制卸料平台和移动操作平台工程、新型及异型脚手架工程。

⑥拆除、爆破工程，主要包括建筑物、构筑物拆除工程和采用爆破拆除的工程。

⑦高空、水上、潜水作业，及高墩、大跨、深水和结构复杂的桥梁工程。

⑧铺轨、架梁工程、既有线工程

⑨建筑幕墙安装工程、钢结构和网架及索膜结构安装工程、人工挖扩孔桩工程、地下暗挖和顶管及水下作业工程、预应力工程、采用四新(新技术、新工艺、新材料、新设备)及尚无相关技术标准的危险性较大的分部分项工程。

(2)超过一定规模的危险性较大的工程

①深基坑工程，包括开挖深度超过 5 m(含 5 m)的基坑(槽)的土方开挖、支护、降水工程，及开挖深度虽未超过 5 m，但地质条件、周围环境和地下管线复杂，或影响毗邻建筑(构筑)物安全的基坑(槽)的土方开挖、支护、降水工程。

②模板工程及支撑体系，包括工具式模板工程：滑模、爬模、飞模工程；混凝土模板支撑工程：搭设高度 8 m 及以上、搭设跨度 18 m 及以上、施工总荷载 15 kN/m^2 及以上；集中线荷载 20 kN/m^2 及以上；承重支撑体系：用于钢结构安装等满堂支撑体系，承受单点集中荷载 700 kg 以上。

③起重吊装及安装拆卸工程，包括采用非常规起重设备、方法，且单件起吊重量在 100 kN 及以上的起重吊装工程；起重量 300 kN 及以上的起重设备安装工程；高度 200 m 及以上内爬起重设备的拆除工程。

④脚手架工程，主要包括搭设高度 50 m 及以上落地式钢管脚手架工程、提升高度 150 m 及以上附着式整体和分片提升脚手架工程、架体高度 20 m 及以上悬挑式脚手架工程。

⑤拆除、爆破工程，包括采用爆破拆除的工程，及桥梁、高架、烟囱或拆除中容易引起有毒

有害气(液)体或粉尘扩散、易燃易爆事故发生的特殊建、构筑物的拆除工程和可能影响行人、交通、电力设施、通信设施或其他建、构筑物安全的拆除工程。

⑥高墩、大跨、深水和结构复杂的桥梁工程和铺轨、架梁工程、既有线工程，跨度大于 36 m 及以上的钢结构安装工程，跨度大于 60 m 及以上的网架和索膜结构安装工程，开挖深度超过 16 m 的人工挖孔桩工程，地下暗挖、顶管及水下作业工程和采用新技术、新工艺、新材料、新设备及尚无相关技术标准的危险性较大的工程。

8.1.4 标准化管理

安全生产标准化管理主要包括安全生产的组织管理、作业现场(环境)的安全条件和安全生产的技术操作。境外铁路项目应从“精、准、细、严”四个方面，坚持标准化作业流程，规范化、程序化作业，以国内和项目所在国安全生产法律、法规和铁路建设标准为基础，结合国内铁路安全管理经验，对项目组织措施、安全保证体系、安全过程控制体系、安全责任体系、监督检查措施、考核激励措施等方面进行标准化管理。

8.1.4.1 管理组织、制度、流程构建标准化体系

境外铁路项目建设应坚持“安全第一、预防为主、综合治理”的安全方针，建立健全安全管理体系，完善各级安全责任制，落实岗位职责。强化安全培训，提供充足安全防护设施和保障，加强监督检查，建立完善的应急救援体系，确保项目安全生产平稳可控，实现快速铁路建设工程质量、安全、工期、投资效益、环境保护的目标。

1. 安全生产管理机构、职责

境外铁路项目应成立安全生产管理领导小组，由联营体总经理任组长、副总经理任副组长，各部门部长和参建单位项目经理任小组成员。

安全生产管理领导小组职责主要为：

(1)建立联营体安全生产责任制，检查、考核各参建单位安全生产责任制落实情况；

(2)审订联营体有关的安全生产管理办法；

(3)定期组织安全生产检查，组织安全生产专题会议，协调布置安全生产工作；

(4)按有关规定，组织审查各参建单位工程建设安全生产应急预案；

(5)依照国家有关法律法规的规定，及时上报安全生产事故情况，参加和配合安全生产事故的调查。

安全质量部一般是联营体安全生产管理的主管部门，负责安全生产管理的日常工作，对项目建设的安全生产负有监督、检查及管理责任。安全质量部应配备专职的安全管理人员，负责办理安全生产监督手续，组织审核安全生产管理手册，确定安全生产管理方针和目标，进行安全生产监督、检查，落实安全生产责任。安全质量部按照安全生产法落实全员安全生产责任制，其他各职能部门及各岗位人员，按照安全生产责任制，承担相应安全生产职责。

2. 安全生产主要管理制度

(1)安全生产责任制度

各参建单位按照安全生产责任制度的规定，建立健全安全管理体系和相关制度、措施，明确各级领导和部门的安全职责，采用目标管理手段，达到安全生产的目的。

(2)安全生产许可证制度

参与境外铁路项目建设的施工单位必须是依法取得安全生产许可证、具备安全生产保证能力的企业。

(3)施工安全管理责任人登记、管理制度

组织参建单位明确各部门的施工安全管理责任人,并将项目经理、项目总工、副经理和安全工程师和安全员等安全管理责任人名单统一报安全质量部登记。在履约检查中,要确保参建单位安全管理责任人及时到岗到位,不得在其他项目中负责施工安全管理工作,报送的登记人员原则上不得变更,因特殊情况确需变更的,根据岗位资格和其任职条件报联营体批准。组织参建单位安全管理责任人根据已登记备案的职责、职权和岗位担负起安全生产管理工作。

(4)安全生产教育培训制度

联营体应组织各参建单位建立健全安全生产教育培训制度,加强对职工安全生产的教育培训;未经安全生产教育培训的人员不得上岗。

(5)安全技术交底制度

项目开工前,联营体要对参建单位的安全技术措施进行审查,要求参建单位建立逐级安全技术交底制度并检查各级交底记录,确保施工安全。

(6)特种作业人员持证上岗制度

从事地下作业、高空作业、铺架作业、爆破作业等特种作业人员必须按照国家有关规定经过专门的安全作业培训,并取得特种作业操作资格证书后方可上岗作业。

(7)安全检查制度

组织各参建单位结合工程建设情况,进行定期和不定期、季节性、专项性等多种形式的安全检查。检查应当目的明确、内容具体、记录完整,确保起到对安全生产的监督促进作用,联营体应每季组织一次综合检查,形成检查通报并对检查发现问题进行闭合。

(8)从业人员伤亡事故处理报告制度

建设现场发生伤亡事故后,各参建单位须立即按照国家有关法律和法规的规定上报联营体,联营体启动应急预案并立即报中国驻项目所在国大使馆、国内公司等。

3. 责任划分

(1)联营体主要安全责任

①在总体管理目标方面是严格执行铁路工程建设程序,制定建设项目安全生产措施,督促并检查参建单位加强安全生产管理,保证建设项目安全生产;

②在项目前期发包设计、施工及其他铁路建设业务时,应考察承包单位的安全生产情况,选择综合素质好、具有相应资质等级的设计施工及其他有关单位承担本项目建设业务;

③在招标资格审查时,应检查施工企业的安全生产许可证原件,审查拟任项目负责人、专职安全管理人员的安全记录和安全培训合格证;

④按规定将批准概算中所确定的铁路建设工程安全作业环境及安全施工措施费用,通过工程承包合同拨付施工企业;

⑤在指导性施工组织设计中,应包含安全生产保证措施,对勘察设计、监理、施工以及其他参建单位的安全生产要求,包括安全生产制度要求和安全生产管理人员配置要求,以及应急救援预案等;

⑥围绕工程建设安全管理目标,建立健全工程建设安全保证体系和管理制度,检查督促各

设计和施工单位的安全保证体系的建立、健全、有效运转和各项安全管理措施的全面落实；

⑦组织各参建单位制定安全事故应急救援预案并定期组织演练等。

(2)设计单位安全责任

设计单位应当按照法律、法规、规章和工程建设强制性标准进行设计，对设计质量负责；设计工作应达到规定深度，符合项目所在国、国家和行业的质量标准，提供能够满足铁路建设工程安全生产要求的设计文件，防止因勘察工作错误或设计不合理发生安全事故。设计单位应依据勘察成果向联营体提供施工现场及毗邻区域内供水、排水、供电、供气、供热、通信和信号等地下管线资料，气象和水文观测资料等。同时，应按规定在设计文件中提出改善安全作业环境和安全施工的措施，有营业线施工情况的应提出营业线施工过渡方案，提出营业线在施工期间保证安全运营的措施和施工注意事项等。

(3) 参建单位主要安全责任

参建单位应当具有相应等级的资质证书，依法取得并持有安全生产许可证，单位负责人、拟任项目负责人、专职安全管理人员安全培训考试合格且无重大安全事故记录；参建单位项目经理对所承担工程的安全生产工作全面负责，应当建立健全安全生产责任制度和安全生产教育培训制度，制定安全生产规章制度和操作规程，保证本单位建立和完善安全生产条件所需资金的投入，对所承担的铁路工程进行定期和专项安全检查，并做好安全检查记录，组织制定本单位安全事故应急救援预案等；同时，参建单位应在铁路施工现场配备与其生产规模相适应、具有工程系列技术职称的专职安全生产管理人员，负责落实安全生产责任制度、安全生产规章制度和操作规程，根据工程的特点组织制定安全施工措施，消除安全事故隐患，确保安全生产费用的有效使用，及时、如实报告安全事故等。施工单位在营业线施工时，应严格执行营业线施工的各项规章制度，根据批准的施工组织设计，科学制定施工方案，建立完善的安全施工责任制，落实施工安全措施和责任。

在境外铁路项目建设中，参建单位应重点落实《危险性较大的分部分项工程安全管理办法》等，针对项目特点编制安全专项施工方案，包括：基坑支护与降水、基桩开挖、围堰、沉井工程；高坡、陡坡土石方开挖工程；模板工程；起重吊装工程和钢结构安装工程；脚手架工程；拆除、爆破工程；高空、水上、潜水作业；高墩、大跨、深水和结构复杂的桥梁工程；隧道工程；铺轨、架梁工程、营业线工程、结构复杂的大临工程和其他危险性较高的工程。

8.1.4.2 现场文明施工标准化管理

为展现中国企业良好形象，境外铁路项目应对项目现场进行标准化和规范化管理，施工现场管理主要由联营体主导制定管理办法和措施，各参建单位成立相应机构负责现场文明工地创建和管理。联营体一般组织现场检查分定期检查和不定期抽查两种形式，不定期检查根据现场进度和管控需求进行，定期检查每季度一次，检查结果会进入各参建单位年度考核。

1. 施工营区管理标准及要求

(1)组织各参建单位进场之前制定详细的营区布置图，并按照营区布置图做好营区的规划，做到既整齐大方，又能满足施工需要。要在大门或醒目地方悬挂单位铭牌，由于境外铁路项目的特点，通常以 EPC 总承包商作为铭牌的主体单位。

(2)办公室干净、卫生、整齐。职工宿舍达到通风、明亮、保暖、隔热，地面用砖铺或做水泥砂浆地面，设施摆放整齐。职工食堂面积要满足所有职工就餐的要求，保证通风和取暖要求。

食堂干净、卫生,锅台、锅灶要用瓷砖或马赛克贴面。食物、餐具做到消毒且有防“四害”措施。

(3)营区建设应满足当地环保标准,生活垃圾要有专门的堆放场地,并定期处理,不得随意乱倒、乱弃,生活污水必须处理后排放。营区内要有专门的接待室和专门的会议室,各职能部门要做到主要制度等上墙,包括施工组织设计、绘制施工组织网络图、现场总体平面布置图、工程进度图等。

2. 施工人员管理标准及要求

(1)各参建单位应按照投标书承诺安排符合要求的人员上场。所有上场的施工和管理人员须持证上岗,劳务用工上岗前安全施工教育培训率达到100%。施工、管理人员的证件(职称证、项目经理证、特殊工种的上岗证、操作证等)要保留原件或加盖单位公章的原件的彩色复制件在施工现场备查。各参建单位一般佩戴不同颜色安全帽,建设、设计单位人员一般为红色,施工单位管理人员为白色,施工单位特殊工种人员为蓝色,普通施工人员为黄色。

(2)管理人员工作期间可佩戴上岗证。上岗证内容包括:单位名称、姓名、职务(岗位)、编号,并有使用人本人照片加盖单位公章。上岗证管理人员采用红底、施工一线管理人员采用黄底、施工人员采用蓝底。

3. 施工标志标识、施工管线和便道管理

组织各参建单位在施工期间的材料标识牌、道路指示牌、施工警示牌等的制作,在本标段内统一尺寸和材料。施工便道考虑与相邻标段便道的衔接,分析便道施工期的行车速度、行车密度、载重量等因素,修建能满足施工要求的便道,应设专人进行养护,定时洒水,防止尘土飞扬,以免影响当地居民正常生活和生产活动。在施工现场管线方面,各种管线要按照有关要求配备箱、锁或必要的安全保护装置,并有专职人员负责管理,电力线路的架设要严格遵守有关要求,保证线路安全。

4. 大临设施管理标准及要求

(1)混凝土拌和站

联营体应在开工之前组织参建单位根据工程量的多少确定租赁或自建拌和站的规模,混凝土施工必须采用集中拌和,根据确定的规模制定详细的现场布置图,并按照现场布置图做好现场的规划。拌和站要配置大方量自动计量拌和设备及必要的检测设备,料场、水泥库须用混凝土硬化,水泥存放要有可靠的防水、防潮措施,集料贮存要用隔墙隔开和防止混料,计量设备、实验仪器和环水保等应符合项目所在地要求。

(2)材料场

根据工程规模确定的大小制定详细的现场布置图,合理安排各种材料的储存区域,材料厂必须硬化并有完善的排水设施和消防设施,材料要按划定区域储存,要堆码整齐、有明显标识。要采取架空、覆盖等措施防潮、防水,要有相应的管理制度,并建立相应的出入库台账。

(3)钢筋加工厂

不得露天作业,原材、半成品存放均要架空并采取可靠的防雨雪措施或存放在棚内,钢筋原材料、半成品要分区域存放,并按规定标识清楚。

(4)制梁厂和构件预制厂

应满足工程规模、工期要求和合理规划,小型混凝土构件应集中预制,预制场地应按设计要求用混凝土硬化。

8.1.4.3 日常检查方式和主要内容

1. 对参建单位的检查考核主要内容

(1)项目是否建立健全安全保障体系和相关制度和措施,是否明确项目各级领导和部门的安全职责和签订安全目标责任书情况。

(2)项目是否设立专门的安全管理机构、配备足量的安全管理专职人员。直接从事高空作业、铺架作业以及其他需进行重点安全防范作业的施工生产的基层作业班组是否配备了专职安全员。

(3)参建单位是否开展了全员职业劳动安全生产宣传教育及安全生产岗位培训,新员工和作业工人上岗前是否进行安全教育,特种作业人员是否进行了严格岗位培训,并经考试合格后持证上岗。

(4)项目是否投入足额专项资金保证安全防护设施完善,个人安全防护及劳动保护用品使用情况等。

(5)参与施工的劳务协作队伍是否具备相应有效的施工资质、安全资质和营业执照等证照,是否对其进行规范管理。

(6)临近营业线的施工安全是否按项目所在国当地法律法规和国内营业线相关管理制度等规定执行等。

2. 对参建单位的检查考核主要方式

(1)开工前的安全检查。工程开工前,境外铁路项目应进行全面的安全检查验收。检查验收的主要内容包括:施工组织设计是否有安全措施,施工机械设备是否配齐安全防护装置,安全防护设施是否符合要求,施工人员是否经过安全教育和培训,施工方案是否进行交底,施工安全责任制是否建立,施工中潜在事故和紧急情况是否有应急预案等。

(2)定期安全生产检查。联营体每月组织一定频次的安全生产大检查,应要求各参建单位进行一定频次专项和重点检查,对施工队和班组可每日进行自检、互检、交接检查。

3. 经常性的安全检查

联营体安全专业工程师应加强日常巡回安全检查。检查重点应主要包括爆破施工、炸药库设置及危爆物品管理、施工用电、机械设备、脚手架工程、模板工程、焊接作业、季节性施工等。

4. 专业性的安全检查

针对施工现场的重大危险源,联营体应负责对施工现场的特种作业安全、现场的施工技术安全进行检查。设备管理人员负责对现场大中型设备的使用、运转、维修进行检查。

5. 季节性、节假日安全生产专项检查

夏季检查防洪、防暑、防雷电等措施落实情况;冬季检查防冻、防煤气中毒、防火、防滑等措施落实情况;春秋季检查防风、防火等措施落实情况;节假日加班及节假日前后安全生产检查。

6. 安全检查记录

联营体应定期按发布的相关检查标准进行检查、打分、评价。班组每日的自检、交接检以及经常性安全生产检查可在相应的“工作日志”上记载、归档或使用“安全检查记录表”。专业性安全检查,季节性、节假日安全生产检查,使用“安全检查记录表”或“事故易发点检查表”。

7. 隐患整改

(1) 隐患登记、分析:各种安全检查查出的隐患,要逐项登记,根据隐患信息,对安全生产进行动态分析,从管理上、安全防护技术措施上分析原因,为加强安全管理与防护提供依据。

(2)整改:检查中查出的隐患应发"隐患整改通知书",督促整改单位消除隐患,"隐患整改通知书"要按定人、定时、定措施进行整改。

(3)复查:被检查单位收到"隐患整改通知书"后应立即进行整改,整改完成后将"隐患整改反馈意见单"报回检查组并及时通知有关部门进行复查。

(4)销案:有关部门复查被检查单位整改隐患达到合格后,在"隐患整改反馈意见单"上或检查台账上签署复查意见,复查人签名后销案。

8.1.5 建立健全安全生产管理体系

根据传统的安全管理理论,导致事故的主要原因是物的不安全状态和人的不安全行为。但在境外铁路项目建设中安全事故的内部原因主要集中在管理机制、体系等方面,与管理者的安全意识、重视程度及在资源配置方面有直接的关系。

境外铁路项目应结合安全管控特点,以建立健全安全生产体系为主线,构建合理的安全管理组织结构,在推行标准化管理的同时,强化项目安全生产标准化体系的建立和运行。

8.1.5.1 体系建立

中国安全生产标准体系主要由五个体系构成,即基础标准分体系、管理标准分体系、技术标准分体系、产品标准分体系和方法标准分体系。在体系建立方面,应加强对人员配置、资质管理的审核,确定管理模式和沟通机制,完善安全生产责任制,建立安全生产的责任体系、检查考核标准、奖惩制度。通过加强人员配置,要求各级安全管理人员持证上岗,对特种作业人员严格管控,严格监督劳务单位的资质协议、当地设备租赁单位和特种设备检测单位资质等。境外铁路项目通常具有建设单位多和整合难的特点,可通过签订四级包保责任状,建立并落实全员安全生产责任制,实现对参建单位的制约功能、监督功能和检查评价功能,落实"管生产必须管安全"的原则,明确各级管理人员、各部门的管理职责。可采用联营体—项目部—作业队—作业工班四级管理模式,其中联营体主要承担与业主、监理、土建施工单位在设计、施工过程中的安全问题,构建联营体—业主、联营体—土建施工单位、联营体—监理单位协调机制,及时解决潜在问题。

8.1.5.2 体系运行

项目安全生产标准化体系主要通过预控管理、过程控制和监督考核三个阶段实施,只有确保体系正常运转,才能有力推动项目安全管理工作。

1. 预控管理

"安全第一、预防为主",在预控管理方面,对危险源分析、安全生产专项方案、应急方案等加强管控。针对建设过程中存在的危险因素,采取危险控制点分级控制管理,以控制危险因素(源)为核心,根据生产过程中每个危险因素(源)的设备环境、外界环境、人的行为和安全管理等因素,确定主要物的不安全状态和人的不安全行为,从而形成安全风险清单,在此基础上确定一般危险源和重大危险源。

2. 过程控制

(1)分阶段、多环节方式开展安全生产教育培训

安全教育培训是进行项目有效安全管理的强制性要求,在项目安全管理过程中属于必不可少的环节。大量安全事故调查结果表明,安全教育培训不到位是诱发安全事故的主要原因。联营体应组织各参建单位要开展经常性的安全生产宣传教育活动,使广大员工牢固树立“安全第一,预防为主”的思想,自觉地遵守各项安全生产法令和规章制度。针对境外铁路项目安全教育培训工作的主要特点,应重新审视既定的安全教育培训体系,新形势下应重视系统性、阶段性和层次性构建安全教育培训体系,坚持安全教育培训属地化和多样化。

①高度重视新形势下安全教育培训工作的重要性。安全教育培训是境外铁路项目建设及运营管理中重要的安全基础性工作,在新形势下企业和项目全面开展安全培训能提高人员安全综合素质,通过安全培训能提升现场人员的安全意识和安全技能,减少或杜绝作业过程中的不安全行为和状态,不断增强风险防范能力,防止发生不安全行为从而有效预防安全风险事故的发生。

②重新审视新形势下安全教育培训工作的新特征。随着国际格局的调整,境外铁路项目面临的传统安全风险和非传统安全风险均有交织。在复杂严峻的境外建设安全领域,既定的安全技术标准、规范、规程在一定程度上不能完全有效地预防和控制安全事故的发生。目前,境外铁路项目安全教育培训新的特征有:一是具有必要性、特殊性和艰巨性,境外铁路项目面临安全形势的特点各不相同,项目安全教育培训工作没有现成经验可以借鉴,且外部因素仍处于不断的变化过程中,无固定不变的培训模式和方式方法。二是具有局限性、差异性和专业性,安全教育培训工作从项目前期到建设管理、运营维护,贯穿项目建设运营全周期。不同国别,不同时期,项目所在国政治经济和文化环境也存在差异。

③关注新形势下安全教育培训具有的差异性。一是重视国别及区域风险等级的差异性,确保项目人员和财产安全得到保障。二是风险类别的差异性,在开展安全教育培训时应进行国别风险分析,对项目所在国政治环境、社会安全环境、经济金融环境、制度运营环境进行风险分析,从而确定安全教育培训的范畴。三是安全法律法规内容的差异性,应在项目前期聘请当地安全咨询服务公司对参建单位进行安全教育培训,如在匈塞铁路塞尔维亚段项目,根据当地安全生产相关法律,进场施工前需要完成的资料主要包括:开工报告及现场组织研究报告、所有员工保险单、现场安全工程师资质及任命书、岗位风险评估报告、员工安全用品发放记录单、机械设备合格证、机械操作人员资格证、岗位清单及 6 号单子、高风险岗位体检报告和关于共同执行劳动健康与安全措施的协议等。四是作业人员的差异性,在境外项目实施过程中,应结合项目所在国法律法规开展不同的职业健康管理,在安全教育培训中对中方参建作业人员和项目所在国作业人员应差别开展安全教育培训。

④新形势下应采用安全教育培训新模式和新体系。人的不安全行为仍然是导致项目建设事故发生的主要原因之一,在境外铁路项目建设中加强安全教育培训是减少人的不安全行为的有效手段。而传统方式下安全教育培训模式已不能完全适用于境外铁路项目,不能取得良好的培训效果,这就要求对培训的现状进行深入研究,对教育培训方式进行新的探索,掌握新的培训方式的发展过程,选取适用的安全体验培训。可采取实景体验、VR 虚拟体验与模拟互动式教育相结合,互联网在线培训与体验式实践教学相结合的教育培训模式,在沉浸式情景交互 PPT、3D 视频投影、VR/AR 体验、体验式实践教学、BIM 可视化模型等情景模拟的沉浸式

安全教育培训模式中，提高安全教育培训效果。

⑤新形势下应重视安全教育培训系统性、阶段性和层次性。在项目前期应组织设计人员进行风险防范培训，做好可行性研究阶段、初步设计阶段、施工图设计阶段、技术交底阶段等的安全风险识别，规避极高风险和减少高度风险，对无法规避的风险进行风险分析评估合理选择建设方案。在建设阶段，要对全体参建人员进行系统安全教育培训，一是对总承包商和分包商管理层进行安全教育培训，二是对现场人员分阶段、多层次方式开展周期性安全教育活动。如橙线项目以中方作业人员班组工前教育和巴籍员工安全教育作为重点，制定年度安全计划，审核下发要求参建单位按频次开展的日常安全教育，着重对进场人员开展三级安全教育，试卷考试并制定每人教育记录表，另对作业工人开展日常安全教育和特种作业人员安全教育。在运营阶段安全教育培训中，应结合应急演练针对性开展，以预案、培训、演练为主线，分演练前、演练中、演练后三阶段实施，主要采取模拟场景演练，针对车辆段、停车场等多专业防火安全隐患重点场所组织进行联合防火应急演练，对车站、地下站联合组织进行防汛、防高空坠落应急演练，对宿区防火、食物中毒等进行专项应急演练，在应急演练中提升运营员工的安全防范意识。

⑥新形势下安全教育培训应坚持属地化和多样化。由于境外铁路项目建设环境的复杂性和特殊性，开展安全教育培训应系统做好新员工入场三级安全教育、作业班组班前安全教育、特种作业人员安全教育、日常安全教育等多方面教育培训。结合匈塞铁路、中老铁路和橙线项目建设经验，抓好新进人员三级安全教育是风险预控的有效手段，抓好班前安全教育培训是项目安全管理的重点，能有效化解和消除安全风险，是减少伤亡和各类灾害事故最有效的办法，对特种作业人员开展教育培训能有效减少高风险环节的风险隐患。

同时，建设过程中的安全生产教育培训直接关系到对安全事故预防和控制的效果，抓好属地化安全教育培训是安全管理向深度和广度发展的需要，对提高外籍员工安全技术水平和防范事故的能力起着重要作用。一是应加强沟通交流，做好安全文化教育培训。在匈塞铁路建设中，为消除中塞双方在施工安全管理理念、习惯做法等方面存在的差异，保持定期与参建单位及塞籍分包商进行沟通交流，对属地安全理念与习惯做法进行理解认识，通过与塞方工作团队、技术团队建立每周安全例会制度，向聘用的塞籍工程师介绍中国铁路建设安全管理措施，让塞方分包商充分理解中国铁路建设安全管理理念，加强中塞双方建设安全管理理念的理解和融合。二是根据塞尔维亚铁路安全法及劳动法相关规定，对员工开展两个层级的培训，在联营体开展全体员工的消防培训及职业健康与安全培训，并由塞尔维亚铁路局组织对参建单位进场员工开展上道作业安全培训。根据国内既有线安全管理相关办法，编制简化版施工安全卡控措施对塞籍员工开展安全培训，将安全卡控措施制作成胸卡向塞籍员工发放，属地化安全教育培训取得了较好效果。

(2)加强安全生产检查

境外铁路项目应采取定期和不定期、季节性、专项等多种形式的安全检查，及时消除安全隐患，真正发挥安全检查、监督、提醒、整改、治理等作用。按照“谁发现、谁录入、谁销号”的原则，对现场检查发现的问题实行分类管理，专人负责，及时整改。在考核奖罚方面，采取季度考核，将参建单位安全生产体系建立和运转、日常管理活动、检查发现问题整改情况等纳入季度考核，实行安全生产“一票否决”制，对存在安全隐患较大的参建单位通过约谈和发函方式督促其整改，并纳入其信誉评价考核，加强参建单位对安全标准的落实和执行力度。

(3)加强应急演练和安全技术交底,针对性开展应急演练

应急演练是对实际突发事件应急救援过程的模拟,包括常规的应急处置流程和设定的关键事件等。为提高作业人员安全意识和应急能力,应以预案、培训和演练为主线,分演练前、演练中、演练后三阶段实施应急演练,主要采取模拟场景演练。针对安全隐患重点场所,组织联合防火应急演练、防汛和防高空坠落应急演练及对宿区防火、食物中毒等进行专项应急演练。

逐级落实安全技术交底。安全技术交底是安全管理人员在生产作业前对作业人员进行的该作业存在安全危害的预知训练以及安全作业注意事项的交代和确认过程。安全技术交底要依据安全施工组织设计中的安全措施,结合具体施工方法,根据现场的作业条件及环境,以书面形式编制出具有可操作性的、针对性的内容全面的安全技术交底材料。安全技术交底必须由联营体各级的专职安全管理人员和工程技术人员共同编制,然后由相应级别的技术负责人审核批准。

在境外铁路项目建设中,各级安全技术交底工作由相关的安全技术负责人组织。重大和关键施工项目必要时可请上级安全技术负责人参加。应针对不同的工程特点、不同的施工方法、不同的机械设备使用情况、不同的施工环境及施工中存在的有毒、有害、易爆、易燃作业等,进行全面分析,找出施工中可能存在的影响因素,从安全技术角度,采取有效措施消除危险保证施工安全。

安全技术交底是联营体管理人员在向参建单位作业者下达施工任务时,向作业班组或作业人员做出分部分项安全作业的详细说明,采用书面形式,内容全面且有针对性,并履行签字手续。施工现场必须严格执行安全交底制度。每道施工工序作业前,都要进行安全技术交底,由作业负责人向全体人员讲解施工作业中的危险点和应该采取的安全措施以及作业中的注意事项。讲解后,由作业负责人或安全总监、交底人、接受交底人三方签字,施工负责人或安全总监、交底人、接受交底人和安全管理部门各留一份。施工班组须认真听讲并在作业中严格执行。安全技术交底一般与班前安全教育和检查相结合,作业班组上班前,班组长应集合全班人员,按照当天的生产内容,针对作业环境、天气状况和可能遇到的不安全因素提出具体的、有针对性的安全要求。

安全技术交底方法一般包括:

①多级交底,即由参建单位项目部交到作业队(工区),队(工区)交到班组作业层或操作人员。

②集中交底,即由参建单位项目部经理或安全总监组织相关安全技术交底人员和所有接受安全技术交底人员以会议形式集中交底。

安全技术交底必须有针对性、指导性及可操作性,须定期或不定期地分工种、分项目、分施工部位进行交底,需要当面签字确认。

工程施工中存在重大安全注意内容的安全技术措施及方案应由参建单位国内公司总工程师、安全总监(或技术管理部门负责人)向项目部和分包商进行安全技术交底。

项目开工前参建单位项目经理或安全总监、技术负责人应将工程概况、施工方法、安全技术措施等向国内公司进行详细交底。

参建单位项目部及安全管理人员应向项目所在地分包商技术负责人、专业工程师及安全管理人员进行安全技术交底,项目部专业工程师会同分包商技术负责人、专业工程师及安全管理人员向作业班组进行详尽安全技术交底,施工作业前必须由专业工程师对分包专业工程师

及其施工操作人员进行有针对性的全员安全技术交底并做好记录。

各级安全技术交底工作必须按照规定程序进行，并履行书面交底签字手续，接受交底人必须全员在书面交底上签字确认，相关责任方各执一份。

安全技术交底与施工技术交底必须同时进行。施工技术交底由总工程师、工程部长或专业工程师进行。

安全技术交底注意事项：在进行施工技术交底的同时进行安全技术交底，安全技术交底的内容要全面（施工环境、危险点或危险源、采取的防患措施或急救措施），安全技术交底须层层交底并且交至每个作业人员，安全技术交底中交底人和接受交底人要签字，交底后要进行监督检查，作业人员应知应会要有监督检查并且考核记录。

（4）加强属地化安全管理

在项目建设阶段，雇用项目所在国当地人员担任安全员等非关键岗位，可降低人员成本，同时，由于中方安全管理人员需要休假、探亲等原因，雇佣当地员工，可将对工作的影响降到最小。此外，由于语言和文化等方面的差异，聘用当地安全员，在管理外籍劳务人员的过程中，可以及时化解隔阂，减小和规避潜在的施工安全风险。但属地化管理会引发对法律制度的理解以及文化、信仰不同等问题，特别是外籍劳务人员，安全意识和管理难度较大。通过对境外铁路项目外籍劳务人员安全管理模式进行分析，总结提出了“健全机制、重视合同、统一标准、加强教育、强化演练、综合检查、规范用工、激励考核”八个环节的属地化安全管理理念，规范项目部外籍员工的招聘、培训、聘用、考核和解聘等管理工作。

8.1.6 安全管理应对措施

1. 明确联营体模式下的安全管理主导方

在遵循优势互补、互惠诚信的原则下，EPC 项目联营体组建的关键在于通过协商明确恰当的合作模式，同时，应根据项目的性质、资源、所处环境及目标，明确安全管理组织层次，尽量组织结构扁平化，机构设置部门化，职责明确规范化。在项目初期，应及时明确联营体模式下安全管理牵头方，通过及时充分的授权，才能及时组建项目安全管理机构，调动安全管理资源。

2. 强化 EPC 项目设计优势

在“一带一路”沿线基础设施建设过程中，特别是在 EPC 总承包项目中，必须牢固掌握设计控制权，充分规避 EPC 总承包项目中设计承包商对项目进度的制约。在项目实施中，应充分发挥设计方面的优势，集中展现中国标准、中国设备、中国设计水平，积极规避设计管理风险，突出对设计单位的管理，强调在设计阶段便开始安全风险管理，在源头进行安全风险识别并加以处理，深入研究项目特点，研究分工接口，分解和细化各阶段设计任务，在项目可研、概念设计、机电系统详细设计、土建与机电接口设计、施工配合中融合安全理念，针对概念设计、初步设计、施工图设计三个阶段特点，分别制定每一阶段“安全设计”程序，确保结构安全。

3. 加强联营体模式下安全文化建设

国际工程 EPC 项目应提升项目安全管理软实力，一是对中国安全生产法律法规进行整理，并编制所在国法律法规汇编，分发并督促各级安全管理人员快速学习和了解法律赋予安全生产方面的权利、义务及相关责任，牢固树立“管生产必须管安全、管业务必须管安全”的思想意识；二是坚持党建与安全管理相结合，坚持“党政同责、一岗双责、齐抓共管”的思路，充分发挥党支部的战斗堡垒作用和党员的先锋模范作业，把党建和安全工作紧密结合，纳入党建工作内容，确保将安全文化建设纳入年度考核，同部署、同推进、同落实，强化党政工团与安全生产结合的气化共管氛围；三是重视将安全文化建设贯穿到项目整个安全体系运行之中，通过对作业人员的观念、道德、伦理、态度、情感、品行等深层次的人文因素的强化，利用领导、教育、宣传、奖惩、创建群体氛围等手段，不断提高作业人员的安全素质，改进其安全意识和行为。

4. 强化安全预控和过程控制

联营体模式下安全生产管理可从预控、过程两个阶段进行重点管控。安全预控主要包括组建建立健全安全管理机构、制定安全管理办法和管理制度，设定安全管理目标、落实安全管理责任、划分安全管理权责。在预控阶段，境外铁路 EPC 项目联营体模式下的总承包商应积极规避合同风险，通过签订承包商合同和购买保险等方式将安全责任和风险下移。同时，优化全线指导性施工组织设计，强化对设计单位的前端管理，并加强对危险源分析、安全生产专项方案、应急方案的管理，特别是加强对重大危险源的管控。

在过程控制阶段，应坚持安全生产标准化建设，实现安全生产全过程控制，严格安全红线管理，在设计阶段、建设阶段、带电管理阶段和运营阶段细化安全红线管理细则，对安全组织管理、现场安全管控、人员安全管理、设备安全管理等进行重点管控，严格逐级落实安全技术交底，分阶段、多环节方式开展安全教育活动，采取定期和不定期、季节性、专项等多种形式安全检查，确保过程受控。

8.2 公共安全管理机制

在高风险地区实施境外铁路项目，建立有效的公共安全管理机制是安全快速完成建设任务的重要保障。目前，境外铁路项目公共安全管理在联营体模式下引入专业安保力量，并与当地政府合作，建立完善的管理制度和应急预案，构建公共安全管理机制，有效避免了各种风险。以蒙内铁路和橙线项目为例，在蒙内铁路项目建设中，面对当地持续严峻的公共安全形势，秉承“生命重于一切、多方共保安全”的安全理念，构建了全方位的公共安全体系架构。橙线项目建设面临当地严峻复杂的公共安全形势，以风险预控为导向，建立健全公共安全管理体系，实施标准化流程管理。本节针对项目公共安全管理工作，从加强风险预控和合同管理、完善组织机构和管控制度、完善应急预案和应急演练、建立信息共享机制等方面提出思考，为企业“走出去”的安全风险防范提供成熟经验。

8.2.1 公共安全管理特征

1. 定义

公共安全是指社会和公民个人从事和进行正常的生活、工作、学习和交往所需要的稳定的外部环境和秩序。公共安全管理是指国家行政机关为了维护社会的公共安全秩序，保障公民的合法权益以及社会各项活动的正常进行而做出的各种活动的总和。目前，由于风险隐患覆盖面广，海外公共安全管理尚无明确定义。结合橙线项目的管理实践，对海外项目公共安全事件定义为：在海外项目建设实施过程中，可能存在或已导致驻外机构、企业或个人伤亡、失踪、重病（含心理疾病）、财产损失的事件。

2. 分类

目前，影响海外建设项目公共安全的突发事件主要有：(1)自然灾害，包括地质、水文气象、生物学方面;(2)技术灾难,来自技术和工业事故;(3)环境恶化,人类行为导致的环境和生物圈的破坏;(4)社会安全,包括战争和社会动乱等,其级别分为Ⅰ(特别重大)、Ⅱ(重大)、Ⅲ(较大)、Ⅳ(一般)四级。

3. 趋势

(1)风险的增加:"一带一路"沿线部分国家处于经济相对较缓和高风险区域,安全形势复杂,增加了企业"走出去"的风险。

(2)认知的转变:海外公共安全管理工作的重要程度逐步从附属转为主导,从经验型转为专业化,成立公共安全管理部门,将职能、工作、经费独立划分成为必然的趋势。

(3)能力的提升:面对各类公共安全事件风险的增加,要求不断提高公共安全意识,加强和完善公共安全管理能力和安保水平,完善重大突发事件、事故和灾害的预防监测、应急管理、预警准备、快速反应和指挥救援等制度。

(4)机制的建立:高风险区域严峻的安全形势需要从源头建立风险管理机制,重视预警,编制应急预案,建立信息联通机制,逐步加强应急指挥或应急演练,防患于未然。

8.2.2 风险预控管理体系和公共安全管理体系

1. 风险预控管理体系

为加强公共安全风险防控与应急处置,境外铁路项目应与外交部、发改委、国铁集团、中国驻项目所在国使领馆和中国商会等加强联系。同时,可采用风险预控理论,其风险预控管理体系分为风险识别、过程预控、增强预警意识、预警信息发布四个环节。

在风险识别方面,公共安全风险包括战争、武装冲突、恐怖袭击、社会动乱、种族宗教冲突、自然灾害、群体性事件等;在过程预控方面,完善公共安全信息获取途径,提前准确获取相关信息;在预警信息发布方面,形成公共安全信息高效传达的途径,制定了"1 分钟原则",下达紧急处置信息 1 分钟传达到各项目部;在增强预警意识方面,采取不定期进行突发演练,增强参建人员的公共安全意识;在信息发布方面,对信息进行甄别和审批,实行"三级确认",明确专人信息发布,避免各类信息的误判。

2. 公共安全管理体系

境外铁路项目应构建完善的公共安全体系架构,包括人员组织体系、规章制度体系、应急反应体系、检查与培训体系等方面。

(1)人员组织体系

实行"四级四层"管理机制,即联营体、部门、项目部、各作业队四个级别和公共安全领导小组、公共安全管理部门、警察、安保四层管理。在"四级四层"管理模式架构下,对风险点进行层层布防,搜集、整理和发布安全信息,组织开展各类公共安全培训和应急演练,妥善处置公共安全突发事件。

(2)规章制度体系

制定公共安全管理办法和应急预案。根据人员、地理位置等特点,编制公共安全管理办法,整合"公共安全管理目标、组织机构、岗位职责、管理制度、保护措施、安全培训、预警及应急处置、检查、监督及奖罚"等内容,统一贯彻管理要求。

(3)应急反应体系

应急反应体系包括预案、预防和预警三部分,通过建立应急机制,完善安防应急设施,在发生重大危险或突发事件时能够有足够的反应时间，并在有限的时间内迅速、有序地开展应急救援行动，从而减少人员伤亡和财产损失。

预案系统包括应急预案体系和应急预案演练两部分，明确应急预案体系、突发公共事件分级分类和预案框架体系，规定应对突发事件的组织体系、工作机制、响应程序和应急流程等，明确各协作部门的职责，定期组织参与、检查应急预案演练，提高人员的自救和防护能力。

预防系统主要针对人员和设施，包括安保力量配备和安防应急设施建设。安保力量配备包括与安保相关的各级人员配备，如派驻专业安保人员、协调警方为项目配备警察、雇佣当地保安等。安防应急设施分为安防设施和应急设施，驻地按要求建设安防设施，如铁网、围墙、监控、岗哨、探照灯等，应急设施包括警报、急救箱、防弹衣、对讲机等。

预警系统核心是建立通畅的信息。项目可通过使领馆、警察局、业主及业主代表、媒体等渠道收集安全形势信息，及时掌握安全动态，并根据收集的信息分析安全等级，做好风险预警。由项目部专职安全官每日发布当地政治和公共安全信息、安全通知和要求，以保证及时了解当前安全形势，按情况采取规避或必要的安全保护措施。

(4)检查与培训体系

检查与培训体系包括检查、考核和教育培训等。联营体每季度进行公共安全检查，对公共安全体系的建设进行考核，并组织整改，持续改进。通过技能培训、桌面推演和实操演练等途径增强公共安全意识、求生自救能力和应急反应能力。

8.2.3　实施标准化流程管理

为规范管理，境外铁路项目联营体可实施标准化流程管理。

1. 招聘及信息收集流程

根据施工生产实际需求，拟定需求计划，核定计划后审批。统一收集正式员工、聘用员工、作业人员、外籍劳务人员等的信息，在完成人员信息整理后，与项目所在国警察局等机构进行对接。

2. 安全信息收集与发布流程

项目通过中国驻项目所在国使领馆、警察局、业主、媒体等渠道收集安全形势信息，对不同信息进行分类整理。安全官每日发布当地政治及公共安全信息，下发联营体安全通知和要求，保证项目人员及时了解安全形势，根据不同情况采取规避或必要的安全保护措施。

3. 威胁警报处置与解除流程

安全官接收到警察局发来威胁警报后，根据信息的严重程度发布不同颜色的安全警报，迅速传达到各项目部。收到危险等级较为重大的橙色警报时，禁止任何人外出。在收到警察局解除威胁警报后，安全官及时解除警报。

4. 新建驻地申请流程

各建设单位结合需要提交新建驻地申请，联营体结合申请对新建驻地进行考察，确定居住地址，出具信函申请至业主确认，再将业主确认文件传至辖区管理机关，并通知当地警察局派警察至新建地址。

5. 出行申请流程

为确保出行安全，项目应制定严格的出行制度。绿色警报时，安全局势稳定，项目人员根据工作和生活需求出行；黄色警报时，存在一定风险，仅限必要出行；橙色警报时，风险较大，限制一切出行。特殊出行必须经过严格的逐级审批，在考虑风险的前提下，安排警车和警察护送，有针对性地出行。

6. 公共安全培训流程

项目可分三个层面进行公共安全培训，每月组织各项目部中方主要管理人员进行公共安全培训，各项目部每周组织中方管理人员进行公共安全培训，各作业队每日组织作业人员进行安全培训。

7. 公共安全检查流程

联营体每月组织一次公共安全检查，并结合安全形势变化、节假日等不定期进行公共安全检查。检查主要内容包括七个模块：中方人员安全管理、安保力量管理、安全隐患、制度建设、安全教育培训、各类安全事件处理、安防设施运转情况。

8.2.4 海外项目公共安全管理对策

1. 充分认识公共安全管理的特殊性

海外项目实施周期较长，前期勘察、营建，中期施工、管理，以及后期的运营、交付，公共安全管理工作贯穿始终。各国、各地区、各城市安全环境不同，不同时期面临的社会、政治环境也有差异，需根据项目实际创新适合的安全管理模式。

2. 确定关键防范对象

境外铁路项目公共安全管理应侧重于项目各营地和工点，并根据各营地和工点的实际情况和特点认真研究、规划、组织安保工作，重点防范人员、车辆、危爆物品等关键点，主要防范对象分为关键的人员、关键事物和关键部位三方面。在关键人员方面，应加强因工作性质所决定安全风险系数较高的人，如经常去银行的财务人员、后勤采购人员等。在关键部位方面，需要重点关注和保护的场所和部位，如重要物资仓库、财务室等人员和财产安全关系较大须重点防范的场所，以及需要重点加强防范往返的路线等。联营体应认真细致地梳理排查，及时发现隐患，制定有针对性的安全保卫措施，提高防护等级和防范能力。

3. 加强风险预控和合同管理

对处于高风险区域的项目，要通过使领馆、华人商会等多种渠道收集政局稳定程度、地区投资环境等风险信息，借助第三方评估机构进行综合分析、评估风险。完善新上项目评估报批规定，对在建项目实施动态评估机制，根据安全形势及时调整项目及人员派出计划，控制风险。同时，加强合同管理，如橙线项目将安全保障作为专门条款写入合同，明确巴基斯坦负责保护施工人员的人身安全。

4. 完善组织机构和管控制度

项目应在管理架构中设置“公共安全部门”，直接负责对中方员工和驻地警察的管理，建立和健全公共安全管理办法和项目应急预案管理办法等内控制度，并与中国驻项目所在国使领馆、中资企业及甲方(业主)、当地社区、警察局建立定期联络沟通机制，共享公共安全信息资源，以便于及时预警、快速救助。同时，建立内部信息传达机制，根据安全形势发布安全形势周报和安全预警信息。

5. 完善应急预案和应急演练

建立突发事件应急管理三级组织体系，成立应急领导小组，制定和完善包括综合应急预案、专项应急预案和现场处置方案在内的应急预案，对现场易发生重大风险事件的位置、环节进行监控，提高应急处置能力，配备应急救援器材和设备，并按一定频次组织应急演练。

6. 加强安全教育培训

公共安全教育培训应将项目中方人员、当地雇员、当地保安等纳入培训体系，从公共安全基本概念、国际及地方安全形势、公共安全威胁事件及风险来源、公共安全风险应对措施及处置办法等方面开展日常安全教育，遵照“丰富内容、提高标准、集中培训、综合考核”原则，分级开展全覆盖的安全培训，逐步提高海外项目安全管理综合能力、员工自卫防范技能和生存能力。

7. 配备足够安保设施

应配备足量通信、报警、监控设备，每个职工住宿营区应安装报警和监视系统，配备卫星电话，建立临时应急处所，储存足够物资，遇有突发事件能及时发布预警信息，提高项目的安全保卫等级，保证人身安全。

8. 开展心理咨询和调节

高风险区域发生公共安全事件会使企业员工产生较大的心理压力，企业应定期开展心理咨询、体育娱乐活动，培养员工掌握调节心理压力的方式方法，避免员工因压力过大出现行为反弹，甚至出现心理疾病。

9　风险管理与应急管理

9.1　风险管理

风险管理包括风险识别、风险评估和风险控制三个基本过程，由于风险、认识风险的能力和控制手段等都属于动态变化，按照PDCA（计划、执行、检查、处置）循环模式，应对风险进行动态管理。而推行健康安全环境（HSE）管理体系以来，通过加强应急管理使对风险管理的认识更加深入，风险管理由三个过程逐渐演变为识别、评估、控制与恢复四个过程，使风险管理理论更加完善，从而也为应急管理体系建设奠定了理论基础。

风险识别主要包括危险识别和危害因素辨识，这是风险管理的前提条件。在进行风险识别的基础上，按照法律法规、组织目标和组织的可接受程度，对风险进行评估，并根据后果严重类型和发生的频次对风险评定出危害程度，然后进行分级，为制定和采取风险的削减或控制措施提供依据。风险控制是风险管理中一个非常重要的执行环节，包括制定风险的削减或控制措施，并将这些措施通过培训、规范、监督等使之付诸行动，最终使识别并评估出的风险控制在可接受的水平和范围内。风险管理最后一个环节称为恢复，风险恢复在风险管理理论中有两层含义，一是对前三个过程进行回顾性评定，二是对未识别出的潜在风险或可能失效的控制措施进行补救。

9.1.1　境外铁路项目风险概述

部分境外铁路项目建设在经济发展相对较缓和金融市场稳定程度相对不高的国家，有的国家可能会出现债务负担重、财政收入不足和国家政治局面不稳定的风险。在建设境外铁路项目过程中，中国企业时刻面临着项目所在国政治风险、经济风险、法律风险、环境风险、社会及民意风险等外部风险，而在项目前期和建设阶段可能出现的内部风险包括项目经营决策、投标过程、施工组织设计、代理商管理、合作单位管理、缔约等方面的风险。这需要项目在建设和运营过程中高度重视境外风险防范，构筑内部风险防控体系，全面推进合规运营，不断筑牢风险“防火墙”，提升合规运营的管理品质，提高境外安全保障和应对风险能力。

1. 风险的定义

风险在国内外还没有标准规范的定义，概括起来是指在特定环境下，在某一特定时间段内，某种损失发生的可能性。风险由引发风险的因素、风险导致的事故和风险带来的损失等要素组成。在对风险的定义中，不同的管理体系标准给出了不同的描述，与特定事件的危害因素、后果严重程度、发生频次三个因素有关，应考虑不同的群体由于对风险的感知力不同，将风险管理由量化的计算方式上升到行为的文化管理。基于风险的定义，在境外铁路项目管理中，风险管理应主要以未成为突发公共事件的“风险”为对象，避免或减少风险发展演变为突发事件的概率，对风险前、风险中和风险后的各个阶段，都应以预防为主和标本兼治为基础，从根源上避免或减少风险突发事件的发生，从而实现积极主动的全过程管理。

2. 风险的分类和特点

从风险的来源角度主要分为政治风险、社会风险、自然风险、金融风险和法律风险等；从境外铁路项目建设内外部角度主要分为内部风险和外部风险；从风险可控角度主要分为可管理风险和不可管理风险；从风险影响的范围角度可分为局部风险和总体风险；从项目阶段角度可分为决策、投标、设计、采购、施工、试运行六大风险。

目前，境外铁路项目风险主要有四方面特点：

(1)风险存在的客观性和普遍性。在项目建设中，风险后果发生存在不确定性，是不以人的意志为转换的客观实在，在项目建设周期内风险无处不在。

(2)境外铁路项目建设和运营期内风险影响面大，所呈现的影响通常不是局部的、某一段时间或某一个方面的，而是贯穿项目全周期，包括项目启动、可行性研究、各阶段设计、工程施工及安装、静动态试验、联调联试、试运行、运营管理及养护维修等各阶段中。

(3)不同的主体对风险的承受能力不同。境外铁路项目在建设技术标准、建设工程和设备质量保障、开通运营前的安全保障、技术规章、运营安全监测及监控、养护维修和应急救援等方面都呈现出不同的风险承受能力。

(4)风险的复杂性。项目建设和运营风险的变化非常复杂，项目的定义与决策、设计与建设是一个既有确定因素，又含有随机因素、模糊因素和未知因素的复杂系统。

3. 风险分析

由于风险因素存在于境外铁路项目建设实施的每一个过程之中，分布在建设周期内每个环节和项目所在国不同的国情上，所以项目的风险管理是一个动态发展的过程管理，对于任何因政治、经济、文化等变化而可能出现的风险事件，要及时识别分析，并依此确定相应的管理对策。

基于地域和金融，从投资风险角度来说，一是国别风险，主要为经济风险和政治风险；二是政策风险，一些国家在制定铁路项目规划和与中国企业谈判过程中，出现政策的不确定性和差异性，导致项目进展存在不确定性；三是市场风险，在新的国际环境下，境外铁路项目所在国的物资、设备等价格存在大幅浮动，不确定性和不稳定性带来一定风险；四是外汇风险，一些国家的货币汇率波动频繁，一些货币近年来发生过大幅贬值情况，项目实施存在较大风险。

(1)中巴经济走廊内建设项目可能存在的风险

从外部风险来看，在法律政策方面，中巴经济走廊内铁路建设项目在法律的稳定和差异性等方面可能存在一定风险，包括当地对建筑施工环保水保的要求；在经济环境方面，经济形势是否恶化、结构是否合理、政策是否有利于建设项目的实施，以及存在换汇控制、通货膨胀等风险；在政治环境方面，恐怖袭击、局部冲突等可能造成工程中断或终止风险；在社会文化方面，宗教、教育、文化、习俗等存在差异，建设项目与当地社会交叉融合的部分容易产生风险；在自然环境方面，洪水、地震等自然突发事件影响建设项目进行。

从内部风险来看，在项目前期决策阶段，联营体应高度重视项目对投资意图、合同和规范的认识和理解，项目考察、市场调研不够详尽可能导致决策风险；在投标报价风险方面，应高度重视项目要求、合同规定和规范，工程的设计、施工和采购环节方面，应对项目实施难度进行评估，自查报价过程中是否充分考虑工程实际成本；在项目实施过程中，联营体应重点规避对当地法律、技术文件、规范理解错误造成的沟通风险；在价格波动风险方面，重点关注海外市场原材料等费用价格上涨或浮动，该风险将导致成本上升或变化；成本费用风险主要表现在劳务成本、各种原材料价格上涨，生产过程中责任成本核算管理粗放，造成成本未能得到有效控制；安全与质量风险主要表现在安全管理制度建设与完善、事故处理等方面缺乏有效管理而导致存在安全隐患的风险；技术风险主要是技术方案、施工设计、施工计划和组织存在缺陷和漏洞等；在项目交验风险方面，EPC总承包项目最终目的是满足业主方在总承包合同中的建设项目性能参数、使用功能，如业主在总承包合同中约定了幅度最大、责任最为严格的违约责任条款，项目的最终交验能否成功成为项目成功与否的最后也是最为关键的环节。

(2)在东南亚国家铁路建设中可能存在的风险

由于当地土地私有，在东南亚国家铁路项目建设中可能会存在征地拆迁进展缓慢，导致施工不能形成连续工作面，给项目建设进度带来风险。在设备清关方面，可能存在影响工期风险。设备运输和清关环节是项目实施过程中的重要一环，应选择实力强、经验丰富的运输公司担任海运任务，并打好提前量，预防紧急情况发生，同时购买足额的保险，做到风险转移。在项目建成投入运营风险方面，由于有的国家工业基础相对薄弱，许多设备及零部件在本国没有生产，均需要进口，设备清关流程繁琐，审批环节多，审批时间长，若出现突发故障，急需零部件不能及时供应，可能引起列车停运或出现安全事故。在环水保方面，应重视自然环境，加强环保理念意识，在工程建设过程中须加强环境保护。

(3)在中东欧国家铁路建设中可能存在的风险

①物资供应困难风险。应重点关注项目国建设市场生产和供应能力及TSI认证要求，对混凝土枕、道砟、道岔等物资生产市场进行充分调研。部分国家物资依赖进口，生产及运输周期较长，而TSI认证及本地DeBo认证要求导致供应商选择受限(如塞尔维亚接触网悬挂系统国内仅有一家通过认证，本地光电缆、调度设备等供应商均受限)。

②当地企业组成价格联盟风险。如供应商组成了联合体，容易导致铁路物资呈现卖方市场，承包商议价能力受限，物资供应及时性受到影响。

③认证风险。在采用欧洲标准建设的国家，中国物资设备需要满足欧盟及项目所在国相关准入条件，主要包括TSI(互联互通技术规范)认证、DeBo认证以及其他相关CE认证。项目基础设施、能源、控制指挥信号、铁路隧道安全、残疾人无障碍等五个子系统需要通过NoBo认证机构的TSI认证，相关产品的ICS部件需要获得TSI认证证书，信号联锁、CTC等系统需要通过DeBo认证。信号设备还需满足AsBo认证和ISA安全评估，接触网支柱及硬横梁需满足CE认证中的建筑产品安全认证。由于中国国内供应商及各参建单位是初次接触TSI认证及其他欧盟认证，对于认证的标准理解不够，可能导致建设过程及验收过程存在一定风险。

④工期风险。由于铁路沿线施工点多线长，部分现场所用材料采购到货周期长，影响项目建设进度。与此同时，受当地社会经济情况制约，铁路建设物资和劳动力资源严重紧缺是影响项目工期及大面积赶工的关键性因素。

9.1.2 风险管理体系

1. 组织体系和基本框架

风险管理是一项系统工程，利用系统工程理论、风险工程理论对项目进行风险管理组织构建，由目标体系、组织体系、资源保障体系、流程体系、方法体系和信息体系六方面组成，系统相互关联、支撑、形成完整体系。项目应根据统筹规划、相互协调的原则，建立健全风险管理体系，按照“一个核心，四个层次”的思路进行整体设计。“一个核心”是成立项目联营体管委会，“四个层次”是构建“联营体—项目部—作业队—作业工班”四级风险管理模式，完成风险管理决策层、督导管理层和具体实施层的组织结构。

联营体管委会设立风险管理领导小组，负责联营体风险管理重大决策，对于风险重大问题，组织咨询单位参与论证。督导管理层主要为联营体及各部室，负责风险管理专项工作和日常管理，负责项目前期风险辨识，提出重大风险评估报告和风险预防策略，及时规避和化解相关风险。具体实施层按照指定内部风险管理流程进行风险管理，开展风险识别，形成风险评估报告，制定风险管理方案，有效实施和控制风险。作为风险管理的主体，在项目全过程风险管理中，设立风险管理领导小组有利于明确风险管理在项目管理中的地位，提高各参建单位全体建设人员的风险意识，有利于明确各参建单位和人员在风险管理中的职责和义务，同时，可以保证风险管理计划的顺利实施，保证风险管理的效果。

2. 建立健全风险管理制度

在前期风险辨识的基础上，编制、发布风险内控管理手册，收集和分析与项目相关的风险信息，制定合理、有效的风险管控策略，通过建立健全风险识别、确认、防范、控制以及评估、考核制度，形成重大风险预警制度、风险管理例会制度和风险管理培训制度等，推进风险内控工作规范化、标准化运作，保证内部控制体系的完整性和有效性。

3. 建立风险控制机制

在企业公司层面应从制度、流程入手，逐级明确责任，建立严密的风险防控体系，定期梳理排查境外投资合作项目风险，开展重点国家和领域政策法律风险研究。通过持续提升风险防控意识，有序推进合同审批信息化和标准化工作，突出强调合规经营，通过规范内部招投标流程，遏制违规经营行为。境外铁路项目应以主动预防、超前管理作为风险管理的基础工作之一，通过预防和及时处理风险诱因，提前防止风险的发生，同时，加强对项目所在国法律法规和规章制度执行力，通过加强内部控制，有效防范风险，建设精干高效的内控管理架构，提升内部控制水平。

4. 明晰风险管理和应急管理关系

风险管理是应急管理的动力和重要基础，它是一种更主动、更积极、更前沿的管理手段，是一项具有基础性、超前性、综合性的基础工作。风险管理要求重视做好日常的应急准备、预备和预警等基础性工作，通过提高项目突发公共事件预警和防范能力，充分实现日常预防与应急处置、常态管理与非常态管理的有机结合，从而在更基础的层面，更全面积极主动地推进应急管理工作。在境外铁路项目建设中，应以风险管理理论为指导，以风险识别为前提，以事件管理为对象，以加强应急预警和提高响应能力为重点，增强应急预案编制的针对性和实用性，从而使应急管理由事故救援向事故预防的全过程转变。

9.1.3 风险防控关键环节

(1)在联营体内部重视建立战略合作伙伴关系，加强与合作方的沟通，注重维护长期稳定的战略合作伙伴关系，在具体项目投标报价过程中，签订标前协议和联合体协议等，做到权责分明，相互尊重，互利双赢。对联营体合同中存在问题的条款进行充分分析和讨论，对合同关键环节应咨询专业法律顾问的意见后方可签订。同时，应高度重视项目所在地代理商或分包商，考察重点为代理商经济实力和对当地的社会影响力，从事代理业务的成功案例以及对当地建设管理程序的熟悉程度，对代理商提供的经营消息应进行重点分析，避免信息不实等因素导致的风险。

(2)在投资风险管控方面，应坚持规范运作、效益优先、风险可控、结构合理原则，严格投资项目审批流程，强化投资项目前期调研，做到有的放矢，心中有数，同时，加强投资项目的全过程监控管理，及时化解风险，确保投资收益的顺利实现。项目实施完毕要进行审计和效益评价，及时总结经验教训。

(3)在市场风险管控方面，应建立风险识别机制，在风险发生前，利用各种方法对可能存在的风险进行识别及分析。在项目跟踪阶段，详细掌握了解信息，如项目的立项报批情况、资金来源可靠程度、施工技术难度、机械设备投入情况、变更索赔条件等，提前做好经营策划。应建立竞争风险预控机制，对于竞争风险高的项目，如投标保证金数额较大、履约保证金采用现金方式提交且比例较高、计量支付偏低的项目，应认真进行标前分析，并在联营体内部逐级审核，强化防控经营风险。同时，建立投标分析机制，认真研究各地的评标办法和合同条款，提前做好分析，提高报价决策能力和水平，对投资较大的重点项目需经联营体管委会研究批准，降低投标竞争风险。

(4)在强化资金风险管控方面，资金风险包括收款风险、付款风险、筹资风险、现金流风险等。具体管控措施和实施方案如下：一是加强资金收款风险管控，加强对会计凭证及凭证附件的审核，避免会计凭证记录不准确、不真实，影响财务报表的准确性和真实性。二是强化资金付款风险管控。办理资金支付业务要明确支出款项的用途、金额、预算、限额、支付方式等内容，并附原始单据或相关证明，履行严格的授权审批程序；加强对应收、应付票据的有效管理，避免票据丢失或被他人挪用，造成联营体的财务损失；建立有效的印章管理制度，避免不相容职能未分离的风险。

(5) 在项目管理风险管控方面，在项目上场时应进行项目开篇布局策划，确保人力、物力和财力等资源配置一次性到位，编制合理的实施性施工组织设计。根据每年年初制定的重难点工程及时收集相关周报、要情、月报。根据收集报表反映的情况，查找项目存在的施工进度问题，存在问题时及时调整资源配置，确保工期进度满足要求。

(6)在人力资源风险管控方面，应以“严防人力资源选、育、用、留及退出风险”为全面风险管理主线，以“人事用工风险源头管控、过程监控、结果考核”为全面风险管理措施，以“科学开展人力规划、高效配置人力资源、努力降低人力成本”为全面风险管理目标，全面防范和合理规避外籍员工聘用的主要风险，进一步规范劳动用工管理，主动防范人事用工风险。严格外籍员工准入，规范员工管理流程，根据项目所在国法律法规规范劳动关系管理，健全外籍员工退出机制，防范和化解人事风险。

(7)在合同管理风险管控方面，应加强合同管理制度落实与推进工作，规范合同的签订、审核、履行环节，有效防控因合同签订不严、履行不到位引发的法律风险。加强合同管理工作监督检查，着力推进健全合同管理制度，进一步完善法律审核流程，构建预防为主、分级管理、统一授权、分工负责、归口把关的合同法律风险管理体系。同时，应对合同示范文本的使用、合同订立主体、合同条款特别注意事项、合同签订技术性规范等进行具体规定，聘请项目所在国律师事务所，结合当地的法律法规，规范合同签订管理行为，有效防范因合同签订不规范引发的法律风险。加强合同信息化工作，加强合同信息、台账的规范、完整性建设，切实加强合同签订的规范性与审核流程控制。重点加强合同履行、解除环节的监控与管理，规范合同履行异议、合同解除流程与审批程序，加强法律审核把关，及时化解合同履行、合同解除过程中的法律风险，避免、消除纠纷隐患。

9.1.4 风险管理措施

联营体应指定风险防控的主要责任部门，对项目经营和管理阶段可能出现投标过程、施工组织设计、代理商管理、合作单位管理、缔约等方面的风险制定相应的管控措施和落实方案。

1. 外部风险管理

在项目初期，应加强对项目所在国各类信息的辨识以及对各种风险的判断能力，加强对投资市场和投资项目的考察与分析，充分了解项目所在国的经济、政治、法律、文化、习俗等，评估项目可行性，在充分调查分析的基础上做出正确的投资决策。对于项目的关键环节，应落实“三重一大”制度，聘请国内或项目所在国专业投资顾问、法律顾问和技术顾问等力量完成投资项目的各种风险评估工作，减少决策的盲目性和随意性。要高度重视政治风险分析，基于中国出口信用保险公司每年发布的《国家风险分析报告》等，结合商务部、发改委、中国驻项目所在国使领馆、中资企业商会、属地现场实地考察等一系列综合因素，对目标国进行详细的政治风险分析。密切跟进、关注和了解项目所在国的政策、法规，对国际宏观政治、经济局势保持大致的了解，深入了解项目所在国对外贸易政策，开展相应的研究，关注其贸易政策的变化趋势。

在应对公共安全风险方面，联营体应加强外部联系，在中国驻项目所在国使领馆的领导下，高度重视与区域内警察局保持密切联系，确保建设安全和中方人员人身安全。同时，应夯实社会基础，促进民心相连，在高质量建设好项目的同时，应对项目所在国的民生工程投入更多的精力和资金，关注与项目所在国人文层面的交流，可以加强与当地新闻机构合作，对项目建设的进展、建成投入使用的功能和意义进行宣传，让所在地民众对项目有更深了解。在高风险国别境外铁路项目建设中，联营体应构建公共安全预警体系，从中国驻项目所在国使领馆、警察局、业主等渠道收集安全形势信息，及时掌握安全动态，并根据收集信息分析安全等级，做好风险预警。同时，中资企业应结合项目所在国风险特点，在项目前期规避招投标等重大决策风险，建立健全民主科学的决策机制，充分考虑项目的可行性、可能性和可靠性，密切关注经济环境及政策变化，通过征询外部专家意见、组织内部评审等方式控制可能存在的盲点与风险，审慎稳妥地运作项目，深预研，细谈判，防风险。

2. 内部风险预控管理

(1) 坚持“精揽”原则，重视投标报价风险管理

①重视工程招标文件，详细研读招标文件，对招标文件进行深入研究，组织参与编标人员强化英语学习，仔细甄别项目规范、标准与国内施工常用的规范和标准的区别，加强对 FIDIC 条款等国际通用合同格式的学习。同时，应对项目所在国建筑相关行业开展全面调查询价，包括当地的人力资源及工资水准、物资设备租售价格、分包商分包价格等，报价中尽量考虑全面税率、现场条件、保险、清关、运输、环境保护等因素。应深入了解招标文件、技术规范和图纸等文件，通过现场实地勘察了解现场实施条件，把编写施工组织设计与核算报价相结合，把施组方案作为实物法报价的基础，运用实物法报价与修正定额法及其他方法算出的总标价相互进行校核，组织有较丰富境外铁路项目管理经验人员参与施组编制。

②对项目所在国基本国情和政治环境、自然环境、法律环境等进行充分考察，严格项目考察，并进行合理的造价估算，进而确定成本。

③精确测量工程量。EPC项目合同通常采用总价合同,企业在投标前应充分做好工程量测算。

④应对所投项目认真调查研究,筛选方案,多渠道地掌握业主及经营项目的有关资金、立项、审批等情况。

(2)合理规避合同风险,按照项目合同管理流程进行风险管控

针对合同管理全过程性、系统性、动态性的特点,分析合同中责、权、利条款,包括风险分担条款,详细了解总承包工作范围,审核业主对总承包的设计要求、施工要求,以及工程量与工期的关联,可以通过主动聘请当地法律和合同咨询顾问,有效提高合同管理。同时,妥善处理劳务纠纷事宜。

(3)精细管理,防范安全质量风险

建设项目应以标准化管理为核心,结合项目风险评估情况,针对重大风险制定管控措施和应对方案,明确责任体系,以实施预警和监查为手段,深化"四级安全质量环境监控"与现场督导相结合的监控体系,建立隐患排查治理的长效机制。

(4) 强化成本控制和资金管理,防范财务风险

做到管理过程规范化、管理手段信息化、预警机制超前化,考核评价透明化,从人力资源、财务资金、物资材料、机械设备、施工方案等"六统一"抓起,建立起"横向到边、纵向到底、互为联动"的集中管控流程。同时发挥设计工作的龙头作用,在设计过程中应做好项目的设计和选择,项目的可行性分析、施工图设计等,从而有效缩短建设周期,降低建设成本。

(5)防范物资供应风险

为了防止采购渠道、物流链断裂等情况,保障物资稳定供应,联营体应通过各种渠道联系物资生产厂家,寻找物资货源。对于大宗物资、关键物资安排专人驻场催发。针对项目关键物资制定应急供应及运输措施,对国内及项目所在国物流运输资源进行整合,在项目关键物资供应出现风险时,有应急运力及调度能力。同时,对物资采购进行科学筹划,按照各种物资不同的采购周期提前采购,并设立安全库存,对库存实行动态管理。

(6)风险管控措施融入各项业务制度和流程

建立一级流程、二级流程和三级流程组成的管理框架,形成"联营体层面+管理类+专业类"三层式风险控制体系。严格落实风险管理的"事前防控"制度,充分发挥风险控制部门的专业能力、确保各项业务操作均有章可循,业务风险均得到有效监控。

(7)加强项目所在国认证等工作

匈塞铁路TSI认证问题解决方案,联营体聘请专业咨询机构及专业人员提供咨询服务,并协助总承包商进行认证工作。同时,建立包括总承包商、认证咨询机构、施工分包商及供应商、供应商认证机构组成的认证小组,按专业定期召开认证专题会议,积极协调督办,确保问题得到及时解决落实。在此基础上,积极开展相关培训,在项目管理过程中不断总结经验并进行交流,培养专业过硬的复合型人才。

9.2 应急管理

在高风险国家实施境外铁路项目,项目在全生命周期内可能受到自然灾害、公共安全和安全生产等风险影响,应积极应对安全风险,把主动防范化解风险放在首位,增强自身风险管控能力。本节以橙线项目为例,针对性地提出境外铁路项目应急管理的方向和重点,提出坚持以

“风险预控和应急管理并重，建立和完善应急管理体系，强化应急预案和应急演练，提高应急管理能力为主”的应急管理新思路，为高风险国家建设项目提供借鉴。

9.2.1 境外铁路项目应急管理主要特点

境外铁路项目在应急管理方面的主要目标是最大限度预防、减少和处置公共安全、社会治安、公共卫生等突发事件，及时控制事态的发展、演变，防止突发事件扩大及反复，保障建设人员的生命财产安全和企业的海外权益。在高风险国别实施境外铁路项目，重点应从企业和项目两个层面梳理风险、危机和应急管理之间的内在联系，防范化解重大安全风险与危机，促进风险管理和应急管理的一体化管理。

1. 明晰风险管理和应急管理的内在联系

风险管理是项目建设中的内在动力和重要基础，是积极有效防控利益损失和规范管理的主要手段，也是应超前运作和综合考虑的基础性工作。在组建联营体项目协商过程中，风险管控应由对风险最有控制力的一方承担相应的风险。基于优势互补，在风险管控方面，联营体模式下应在公共安全、安全质量等方面有较强的控制力，通过联营体模式的联合，能有效减少风险概率的发生和损失。同时，在项目初期加强对风险的识别、评估和控制，对项目进行危险识别或危害因素辨识，依据风险管理流程和相关法律法规对风险进行评估，根据风险的发生频次、严重程度和危害程度进行风险分级，并通过教育培训、制度规范、分级监督等企业行为，对政治、经济、法律等风险制定和采取削减或控制措施。

应急管理体系总体来说主要包括应急预案、应急管理体制、机制、法制等要素，与风险管理在管理的对象、目标、手段等方面存在差异。项目应从企业和项目两个层面逐级建立健全应急管理体制及机制，提升抵御危机和风险的综合能力，特别是在项目层面着重应急准备阶段、预备阶段和预警阶段的基础性工作，结合项目所在国的风险形势，构建预警、防范和处置突发公共事件方面的机制，促进风险预防与应急处置有效结合，从而做到企业与项目在体系管理的联防，以及项目内部各层级之间的联控。

2. 防范化解重大安全风险与危机

境外铁路项目应急管理应摒弃重应急、偏离“预防为主”的行为。在项目建设前期加强风险辨识，坚持“预防为主、关口前移”的原则，重点抓好预测、预警和预防准备，深入分析项目潜在风险，明确和评估可能发生的突发事件的类型、概率和风险程度，进而制定相应的措施、配置合理的资源及制定相应的响应和救援应急流程。如在中巴经济走廊内项目面临和需要化解的风险主要集中在六个方面：(1)所在地域公共安全形势严峻；(2)地处复杂的自然环境，巴基斯坦常年高温及地震等影响项目顺利实施；(3)项目建设周期内安全生产管理难度较大，须克服建设环境、属地劳务、安全意识及作业技能等难题；(4)法律存在的差异性给建设项目带来一定风险；(5)当地经济形势、换汇控制和通货膨胀给项目的实施带来较大汇率风险；(6)政治环境变化导致项目受到舆论影响。

3. 构建风险与应急管理一体化的应急管理模式

目前，境外铁路项目应急管理在建设周期内主要以应对突发事件为中心。突发事件主要分为自然灾害、事故灾难(安全生产)、突发公共安全事件等，特别是在风险较高的国家，公共安全事件的发生具有不确定性和危害性。

在风险管理过程中，一方面，以风险层次、风险辨识的原理和内容为基础，重视对风险管理的识别、评估、控制和恢复四个过程的分析，突出以风险管理理论为指导，以风险识别为前提，以事件管理为对象，强化风险回避、损失控制、风险转移和风险保留等方式方法；另一方面，着重风险预防和应急管理的双重管理，将科学预警作为首要条件，信息畅通作为必要条件，构建快速反应和统一协调为充分条件的应急管理机制，结合当地实际情况，摒弃“重处置，轻预防”的传统思维，积极推动应急管理前置管理，实现从事后被动型向事前主动型的思维转变，从突发事件管理向事件和风险并重管理的方式转变，以及事故救援向事故预防的全过程管控转变，高度重视提升应急预警和提高响应能力。

9.2.2 境外铁路项目应急管理体系

应急管理的对象是突发公共事件，即“突然发生，造成或者可能造成重大人员伤亡、财产损失、生态环境破坏和严重社会危害，危及公共安全的紧急事件”。基于紧急事件建立健全应急管理体系是企业实施境外铁路项目的关键。建立高效的应急管理体系能有效应对突发事件，降低突发事件对工程建设产生的负面影响。企业在项目组建前期，应从企业和项目两个层面逐级完善应急管理体制和机制，有效应对自然灾害、公共安全和安全生产突发事件，逐步提高应对危机和抵御风险的综合能力，特别是重视应急准备、预备和预警等基础性工作，加强项目应对突发公共事件的预警和防范能力，采取实现风险预防与应急处置、常态管理与非常态管理有机结合的方式，从企业和项目两个层面积极主动地推进应急管理工作。

企业在应对突发事件时应从六个方面完善应急管理体系：一是在项目前期组织对项目内部和外部的风险进行评估，对项目可能面临的恐怖袭击、治安犯罪、战争、政变、自然灾害、安全生产事故和公共卫生事件等制定应急预案；二是建立健全项目应急管理组织，形成层级清晰、责任明确、应急处置程序完善的管理体系；三是加强教育培训，重点对公共安全和公共卫生事件开展教育培训工作；四是开展应急演练，有针对性地开展防控恐袭等相关演练；五是加强资源(人、财、物)投入，特别是与公共安全和公共卫生事件的应急物资储备，做好保障系统的配置；六是建立激励系统和约束系统，通过内部检查、考核等手段，促进项目应急管理体系的正常运转。

橙线项目在建设过程中充分发挥风险管理的前置作用，在对项目进行充分风险识别的基础上，对可能存在的后果和发生的频次评定出项目的危害程度，从而分级制定和开展风险评估。在自然灾害、公共安全事件、安全生产事件等常见的突发事件管理中，促进了对风险隐患和突发事件的前端管理。同时，在应急管理体系的建立和完善中，积极对项目前期规划、可研、设计、谈判、招投标、建设、联调联试和运营等阶段潜在的风险进行预判，并从“一基础、二层面、三体系”方面完善应急管理体系，如图 9.1 所示。

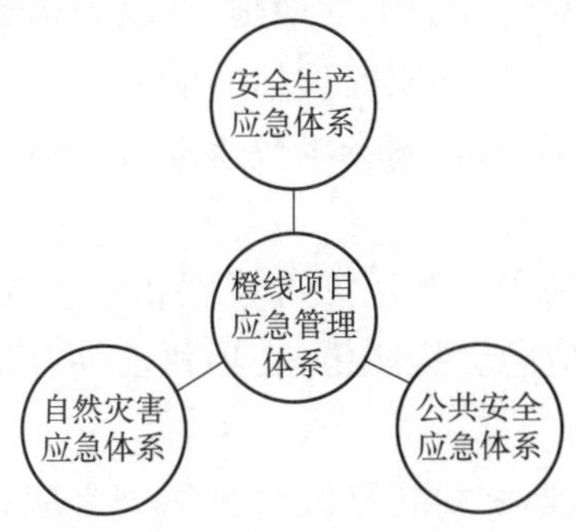

图 9.1　橙线项目应急管理体系

1. 强化风险管控，夯实应急管理基础

在商业谈判和统筹规划中，高度重视常见的公共安全、安全生产、自然灾害等的风险前置管理和过程控制。

(1)结合危险源辨识、风险辨识等常见管控手段，在项目前期对风险因素进行系统分析、评估和预判，并着重风险前、风险中和风险后三个阶段的过程控制。

(2)通过集中企业资源和成本优势，积极辨识、主动防止和前置管控，采用专业、超前、综合等风险管控方式，从根源上合理分散、转移、规避和消除风险，从而有效夯实应急管理基础。

(3)应急管理工作在风险管控的基础上，充分做好预防、预测和预警等事前和事后工作，针对公共安全、安全生产、自然灾害等风险，最大限度预防和控制风险隐患的发生，避免其发展为突发事件，严格监控和控制突发事件发生后的状态和损失，并在突发事件控制后安排项目生产生活、管理秩序的恢复工作。

2. 建立健全应急管理组织机构

橙线项目在建设过程中完成了企业和项目两级组织结构和管理职责的均衡分配。结合项目采用 EPC 模式的特点，在项目商谈、建设、运营等阶段建立了横向和纵向的应急管理体系。横向系统主要为企业与项目在使馆的指导下，与当地政府、相关机构等建立和保持联系，在项目建设周期内熟悉和合理运用法律法规，完善企业内部风险管理组织和应急管理机构的规章制度和应急流程。纵向体系为企业与项目、项目与内部各单位之间建立层次分明的应急组织机构，明晰管理职责和规范管理流程，从而有效提高应急管理水平，如图 9.2 所示。

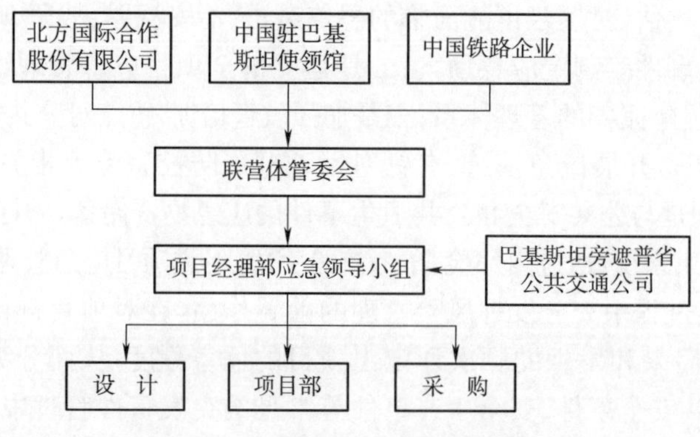

图 9.2　橙线项目应急管理结构

3. 建立健全自然灾害应急体系

在项目建设生命周期内，面对可能面临的地震、气象等自然灾害，完善自然灾害应急体系。

(1)提高灾害信息快速、准确获取和实时评估的能力。

(2)建立与中国驻项目所在国使馆、商会等快速沟通协调的能力。项目层面结合工程建设特点，成立防震、防洪等领导小组。

(3)高度重视应急预案在提高项目规范灾害管理和紧急救援的能力。橙线项目制定相应应急预案和现场处置措施，确定应急救援队伍，在项目前期存储应急救援物资，并通过应急演练提升灾害紧急救援能力。

(4)对于自然灾害的应急管理，项目建立健全自然灾害应急管理的工作流程，加强对应急处置、事件上报等重要环节的过程规范，以及对应急管理方式方法、经验教训进行及时总结和推广运用。

4. 建立健全公共安全应急体系

橙线项目在公共安全方面主要受地缘政治、教派冲突、部族冲突等不确定因素影响，面临的公共安全风险包括恐怖袭击、社会动乱、种族宗教冲突、刑事犯罪、战争、武装冲突等。以公共危机理论和公共治理理论为依据，结合境外铁路项目建设周期公共安全管理的特点，将风险管理与应急管理相结合，实现风险预防与应急处置的紧密衔接与有效整合。同时，在项目层面从四个方面加强体系建设，一是设置公共安全管理组织机构，建立项目预警系统，确保公共安全信息畅通；二是提高公共安全意识，完善针对重大突发事件的预防监测、快速反应、指挥救援等制度；三是在项目内部完善和实施公共安全教育培训、日常检查和考核等；四是强化项目应急指挥或应急演练，不断提高应急处置水平。

5. 建立健全安全生产应急体系

橙线项目在建设周期内主要受当地复杂的自然环境和地质条件、作业人员安全风险意识、安全生产管理技术以及安全文化理念等诸多因素影响，在安全生产管理方面存在较大难度和较多的不确定性。对此，在项目全生命周期内落实《安全生产应急管理"十二五"规划》中应急管理工作的指导思想、基本原则和主要任务等内容，推行"六位一体"的管理制度，全面落实质量、安全、工期、投资效益、环境保护、技术创新，同时坚持安全生产标准化建设，实现安全生产全过程控制。

同时，境外铁路项目须建立健全安全生产应急体系，在项目前期开展危险源管理，将事后管理转变为事前预防，积极识别风险、评估危害、采取控制措施、恢复安全状态，将应急管理作为抑制、控制和减少事故损失的有效手段。在项目建设周期内，针对防火防汛、临时用电、现场吊装、高空作业等风险较大因素，建立具有针对性和实施性较强的应急管理制度，落实三级安全教育培训和技术交底，重点对安全方案和重要危险源进行管理和应急演练，从而有效防止参与建设的作业人员伤亡和财产损失。

9.2.3 强化应急预案和应急演练

橙线项目在项目建设周期内不断强化应急预案和应急演练，以应对严峻的安全形势。在应急预案方面，主要制定了公共安全应急预案和安全生产应急预案，从预案制定、分类评级、评估评审、总结更新、模拟与演练五项内容，完成了一个横向到边、纵向到底、网格化、全覆盖的应急预案体系框架。在应急演练方面，橙线项目将应急准备和应急联动响应纳入应急演练的重要环节。

(1)在项目前期开展危险源辨识和风险评估，在建设过程中加强应急资源的管理，高度重视应急预案的编制、评审和审批流程，定期开展应急能力评估和教育培训，并积极开展防恐袭、消防等应急演练，从而有效减少突发事件发生的可能性和降低损失程度。

(2)在公共安全方面，多途径、多方位地加强相关信息的获取，加强项目各管理层级和组织机构的信息分享传递、评估发布、动态显示、及时闭合的作用，有效为应急预案提供应对措施，实现应急管理的"信息获取正确及时、信息传递迅捷畅通、应急资源优化配备、处置全面迅速到位"。

9.2.4 提升以处置突发事件为中心的应急管理流程和能力

境外铁路项目应建立和完善项目应急管理体系，严格遵循《中华人民共和国突发事件应对法》和商务部等七部门下发的《中资企业机构和人员安全管理规定》要求，以处置突发事件为中心，严格应急管理流程，构建和加强信息预警、快速响应、应急救援和恢复预防四个阶段的内控管理。

境外铁路项目在建设周期内应提升信息预测、预估和预警能力，管控好危险源和处理好隐患信息。橙线项目一方面加强了对危险源管理，从建设周边环境、现场作业人员、机械物资设备设施、技术工艺过程、作业操作流程、轨行区管理、带电作业和车辆试运行等 8 个环节归纳了危险源因素，从危险源危害、常见危险类型与产生影响等方面进行分析，识别和整合出重大危险源；另一方面在信息预警阶段，建立了自然灾害信息、公共安全预警信息和安全生产隐患信息管理，并对信息进行准确和合理的分析及评估。针对当地严峻的公共安全形势，拓宽信息渠道收集各类风险信息，对当地公共安全形势进行动态了解，通过对信息的分级和及时传达，确保风险预警和公共安全防控的顺利开展。

境外铁路项目在建设周期内增强项目的快速响应能力是加强项目应急管理的关键因素。橙线项目在快速响应阶段，积极在项目前期组建了 5 支应急救援队伍，构建了 8 个不同层级的应急管理组织机构，做好自然灾害安全防护措施和公共安全安防应急设施，合理储备应急救援物资和设备。同时，橙线项目从四个方面强化项目应对突发事件的快速反应能力，一是针对性加强人员对自然灾害、安全生产和公共安全等突发事件的教育培训，不断提高防范意识；二是规范应急流程，建立了 18 项快速应急响应流程，从而推动了应急管理能力；三是加强人文关怀和职业健康管理，针对高风险区域突发事件，如急性传染性疾病、恐怖袭击事件、自然灾害事件等，加强应急救援快速通道的设置；四是定期和不定期组织开展应急演练，提高人员的快速反应能力。针对当地严峻的公共安全反恐形势，重点建设和加强公共安全突发事件的应急管理能力，从而在发生重大危险或突发事件时，能在有限的时间里快速有序地开展应急救援行动，减少人员伤亡和财产损失，维护企业在海外的根本利益。

境外铁路项目在建设周期内加强应急救援阶段的实施能力是加强项目应急管理的重要环节。橙线项目针对应急救援阶段特点，依据应急管理制度中相关要求，建立了对突发、具有破坏力的紧急事件采取预防、预备、响应和恢复的活动与计划，对常见的包括战争、政变、恐怖袭击、绑架、治安犯罪、自然灾害、安全生产事故和公共卫生等事件制定了启动应急预案、组织救援、撤离或采取措施确保人身安全的标准流程。针对自然灾害和安全生产事件，橙线项目建立了快速控制突发事件的应急措施，对事件可能产生的危害进行监测、检测，并评估和测定突发事件的危害区域、危害性质等。同时，橙线项目规范了在突发事件发生后向使馆、企业等单位按时按要求上报的标准流程。

境外铁路项目在建设周期内加强恢复预防的组织能力是加强项目应急管理的基本要求。橙线项目针对建设期内恢复预防阶段的特点，组织制定应急救援人员对突发事件现场进行恢复工作的标准流程，对容易发生隐患的区域制定详细的人防、物防和技防措施，并制定对突发事件发生原因的全面调查制度和流程，对可能发生的突发事件进行充分评估。

9.2.5 境外铁路项目突发事件应急管理对策

1. 构建风险控制体系

在境外铁路项目前期，企业应结合项目所在国实际情况，运用风险分析技术找出关键风险点，并根据全局性、共同性、科学性等基本原则，针对可能发生的突发事件，构建项目风险控制体系。总体来说，项目风险控制体系应包括风险来源分析、风险识别机制、风险预警、风险防范机制等环节。首先，在企业层面应保证 EPC 项目将决策风险控制在其可以承受的范围之内，在全面掌握项目所在国风险资料的基础上进行分析和识别。其次，国际工程环境的复杂性和动态性给处置突发事件带来了难度，建立风险预警机制应充分考虑预警指标、标准的设定，突出重点，进行重点风险监测。最后，在风险防范机制方面，国际工程 EPC 项目应从企业、使领馆、中资企业协会、当地政府部门和项目五个层面来建立突发事件防范机制。

2. 建立全面系统的应急管理体系

在建立应对突发事件的应急管理体系方面，EPC 项目应构建一个系统性、整体性强的管理体系。在国际工程 EPC 项目建设周期内，可从应急预案体系、组织体系、制度体系和技术支撑保障体系四个方面来组成应急管理体系。在应急预案体系方面，应从事故预防、应急准备、应急响应和事故恢复四个阶段，实现防范和应对突发事件相结合，实现应急资源和管理的有效整合。在组织体系方面，应充分利用企业、总承包商之间自上而下的层级关系，确保风险信息上下沟通的渠道顺畅，建立能快速有效进行应急决策、应急指挥和及时处置的组织机构。在制度体系方面，项目应制定基于预控和全过程管理的“预防—检查—考核”的动态制度管理。在技术支撑保障体系方面，应针对突发事件建立快速响应系统、事态监控系统和事故后果预测系统。

3. 加强项目前期应急保障工作

在国际工程 EPC 项目建设周期内，应急资源是应急管理工作的重要支撑力量，只有充足的资源储备才能形成应对突发事件的保障能力。企业应组织和督导项目加大对应急资源的投入。

(1)项目应完善应急保障预案，在年度预算中专项安排处置突发事件的财务预算，通过加强应急资金的管理来促进应急资源的准备工作，从而形成与应对突发事件预防、准备、处置、恢复全过程相对应的资金链。

(2)不断完善应急预案，形成“统一指挥、综合协调、分层管理、分级负责”的应急管理机制，确保应急组织功能齐全、协调有力、高效运转。

(3)应急预案应强化救援队伍的组建，项目前期应组织参建单位成立应急救援队伍，针对项目风险识别和突发事件处置方案，做到分工明确，责任明晰。

(4)寻求专家技术支持，通过项目前期的咨询服务，从而给予技术保障。

(5)形成应急管理的物力资源，按照合理储备、资源充足的原则，在项目所在国采购和储备应对突发事件的设备物资。

4. 提升突发事件应急处置能力

由于境外铁路项目所处环境的特殊性，突发事件的发生会对建设项目的进度、成本、安全质量目标带来严重影响，这就要求项目须提升应对快速处理突发事件的响应机制和应急处置能力，这对中国企业在“走出去”过程中提出了较高的要求。项目一方面应建立快速建立信息沟通和协调机制，及时掌握突发事件的发展方向和趋势；另一方面要快速调动应急资源、对突发事件进行及时有效的应急处理，使其对工程建设项的影响和损失降到最低，把突发事件对建设项目的影响范围和烈度限定在可控范围之内，防止突发事件的不断扩大和延续。同时，能快速启动应急处置程序，包括突发事件发生过程中的人员管控、信息收集、应急决策、事故调查和外部协调等，并能通过加强应急演练，对风险较大的突发事件进行演练，从而对处置突发事件发生的问题和取得的经验及时进行总结。

中国企业在境外铁路项目实施过程中，特别是对处于恐怖袭击和自然灾害较为频繁的高风险区域，应高度重视并大力加强突发事件应急管理工作，坚持风险预防与应急管理并重、常态管理与非常态管理相结合的方式，积极构建自然灾害应急体系、公共安全应急体系和安全生产应急体系三个体系，强化信息预警、快速反应和应急救援阶段管理，协调和统一信息预警机制，把主动防范化解风险放在首要位置，增强自身风险管控能力，提高项目应急管理方面处置能力，确保企业在高风险国家建设项目的顺利实施。

9.3 运营风险管理

运营安全风险不仅受企业运营安全技术体系建立和安全管控水平影响，而且与项目所在国社会治安管理等治理能力密切相关。在新形势下探讨境外城市轨道交通项目运营风险管控，不仅对企业加强内部风险管理具有现实意义，也为企业“走出去”提供高质量可持续支持。

9.3.1 境外轨道交通项目运营现状

目前，境外城市轨道交通运营项目主要有橙线项目和沙特麦加轻轨项目等。橙线项目是中巴经济走廊早期收获项目之一，项目采用中国标准、中国技术和中国装备，是南亚地区最先进的城市轨道交通项目之一，实现了从设计、制造、建设到运营维护全产业链的完整输出。项目由联合体负责运营管理。沙特麦加轻轨铁路是迄今世界上设计运能最大、运营模式最复杂、追踪间隔时间最短、系统集成化程度最高、同类工程建设工期最短的轻轨铁路项目。该项目由中方企业负责运营，缓解了当地每年朝觐期间的交通压力。当前环境下，对中国企业参与轨道交通项目运营安全提出了较高要求，需要企业对项目运营周期内可能存在的安全风险进行预控，并对风险隐患提出相应的改进对策，从而制定科学有效的风险管理措施。

9.3.2 风险特征和突发事件类型

风险隐患是事故发生的潜在环境或潜在的事故致因根源或潜在的事故发生条件。城市轨道交通运营周期内涉及专业较多，含车辆、高压、配电、通信信号等，并涉及车辆段、停车场、高压所和车站等关键区域。目前，国内轨道交通项目运营风险主要集中在人员、环境、设备和管理四个方面。而轨道交通项目运营存在外部环境复杂、内部环境封闭和客流量大等特点，运营期间重点防范的突发事件类型有：(1)由于设备故障、人员操作失误或违规操作产生的停电、列车脱轨、列车追尾等突发事件；(2)火灾、乘客坠轨、自然灾害、踩踏等突发事件；(3)恐怖袭击、爆炸等公共安全突发事件。

运营单位应高度重视风险隐患导致突发事件产生的严重性，一是城市轨道交通发生突发事件后救援困难，容易导致人员伤亡和财产损失；二是负面影响范围广，风险导致的突发事件容易对企业产生较为恶劣的社会影响。运营单位应建立安全风险防控体系，强化运营全过程风险控制，对存在的危险隐患和薄弱环节及时处理，严防突发事件产生的严重损失和负面影响。

9.3.3 运营期间主要安全风险分析

由于轨道交通项目运营的特殊性和复杂性，运营周期内开展风险管理应具备专业性、系统性、科学性及综合性，主要以潜在的风险隐患事件为对象，以预防为主和标本兼治为原则，减少和规避风险隐患发展成为突发事件的概率，着重对风险隐患进行风险前、风险中和风险后三个阶段的管理，形成积极有效的全过程管理。而对风险隐患的管理是风险管理的核心，在项目运营期内应在风险管理理论的指导下，加强风险识别和分析，重点以突发事件管理为对象，提升应急预警和响应能力，从而降低事故概率。

从项目运营环境内部风险来说，运营安全与轨道系统、车辆系统、通信信号系统等多个系统的合理匹配，以及运营安全技术体系和运营安全管控水平相关联。从运营外部风险来说，主要面临所在国地缘政治、种族教派冲突、疫情、城市治安环境治理和公共安全等影响。目前，城市轨道交通运营主要存在的风险隐患有：

(1)公共安全风险，运营期间发生爆炸、恐袭、破坏等突发事件。

(2)社会治安风险，员工遭到袭击、枪击、绑架、劫持、围攻及其他人身限制等。

(3)疫情风险，运营期间发生疫情传播突发事件。

(4)新闻媒体风险，由于项目备受关注，容易发生对突发事件不实报道传播的风险。

(5)机电系统设备或通信信号故障，可能发生车辆、通信信号、机电系统等故障引发的突发事件。通信系统设备存在的常见风险有信号发射基站工作状态异常、车载通信设备故障、无线传输网络故障等。电力系统设备的风险因素主要包括信号机损坏、三轨电路中断和其他高低压设备损坏等；车辆系统风险因素主要包括车轮损伤、车载自动防护设备系统故障和车载信号系统失灵等。

(6)员工违规违章风险，可能发生员工违章操作、对车辆和机电设备检修不当及违反乘车规定等，与员工接受培训情况、专业素质、心理素质等密切相关。

(7)运营管理风险，可能存在内部管理失序、组织结构不合理、管理责任不到位、教育培训不到位、应急预案编制及演练不到位等。

(8)环境风险，可能存在影响车辆运行的地震、暴雨、大风、雷击、浓雾等自然环境。

9.3.4 轨道交通项目运营风险管理对策

城市轨道交通在运营期间综合了车辆系统、通信信号系统、供电系统和轨道系统等多系统，各系统相互关联，并与人员、设备、管理和环境等因素相互作用，任何系统出现问题均会对运营产生较大影响，需要加强风险管控下排查治理机制、环境整治、体系完善和能力提升四个关键环节的管理。

1. 建立健全风险隐患排查治理机制

境外铁路项目运营风险隐患排查治理主要分为发现、控制和消除三个阶段，相应为对风险隐患的识别、分类管理和排查治理。

(1)加强危险源识别

危险源主要基于外在影响因素，分为人、物、环境三个因素的影响，包括可能产生约束、限制能量的措施失效或破坏的各类风险因素，一般危险源可分为人的失误或操作、物的不安全状态、环境中的不安全因素及管理方面的缺陷。危险源辨识是分析可能引发事故的关联因素，确定因素自身风险程度的过程。对国内外城市轨道交通运营期间危险源辨识来看，风险管理防范的主要突发事件有恐怖袭击、车辆相撞或脱轨、火灾事故、拥挤踩踏和乘客坠落等。

(2)进行隐患分类管理

城市轨道交通项目运营期内可对风险隐患进行分类管理,主要分为危害和整改难度小的风险隐患Ⅰ类、危害和整改难度较大的较大隐患Ⅱ类和危害和整改难度相当大的风险隐患Ⅲ类。运营安全风险管理机构与员工管理、责任制和台账建立等基础管理类隐患为Ⅰ类;设备设施、电气安全、特种设备、客运安全、人身安全、消防安全等危害和整改难度较大的较大隐患可分为Ⅱ类;恐怖袭击风险、行车安全风险、社会治安风险等危害和整改难度相当大的风险隐患为Ⅲ类。

(3)建立隐患排查治理体系

城市轨道交通项目运营期间应该加强安全隐患排查治理。

①加强组织保障,运营单位应明确风险隐患排查治理主要部门和职责,并将车辆、客运、调度、票务、物资、质保等环节纳入组织体系。

②加强制度建设,对教育培训、检查监督和日常考核等制度进行完善,从而确保风险隐患能降低隐患发生概率和缩小影响范围。

③加强过程控制,开展标准化隐患治理流程和进行阶段性整治,定期对车辆、通信信号、供电等进行检查、维护和保养,对发现的隐患问题进行闭环管理,重点加强运营各系统隐患排查和报备、体系响应、组织整改、检查复核、问题销号等阶段管理。

④职责分配,各系统隐患排查治理过程中沟通协调、治理及验收、复核与销号等重要环节职责分明。

⑤建立隐患排查清单,以人员、设备设施、环境、管理等因素作为隐患清单分类的基础,对轨道交通运营中主要风险隐患进行分类,从而建立风险隐患清单数据库。

2. 协调加强运营外部环境安全风险管理

轨道交通外部安全风险环境主要是在运输空间外直接或间接影响到运输安全的沿线周边外部环境的总称,主要包括轨道交通所处的自然环境和社会环境。社会环境主要包括公共安全和社会治安两大主要风险要素。外部环境复杂多变,风险因素相互作用会影响运营安全运行,可能导致事故的发生。由于运营的特殊性,需要高度重视和防范各类外部安全环境问题的发生,保障运营安全。

(1)严格管控社会人员从轨行区进入风险,应对车辆段、停车场、高压所和沿线地下车站设置严密的防护措施,防范社会人员强行翻入轨行区对运营造成影响。

(2)加强对沿线风、雨、雷击和地震等极端自然环境下的灾害监测,从而进行实时监控和加强应急保障。

(3)排查沿线易燃易爆问题,协调业主消除沿线较近的加油站、炼油厂、储油罐等易燃易爆场所对轨道交通外部环境构成的威胁。

(4)高度重视线路沿线非法侵限问题,对线路附近高耸建筑物和私搭乱建建筑物等可能影响行车安全的风险因素进行排查和协调处理。

3. 建立健全运营安全预警和风险管控体系

防范公共安全风险和社会治安隐患是轨道交通项目运营管理的中心,应高度重视公共安全突发事件和社会治安突发事件给运营带来的危害性和破坏性。运营期间面临的公共安全风险主要包括武装冲突、恐怖袭击、社会动乱、刑事犯罪和群体性事件等,运营单位应建立健全安全预警和风险管控体系。

(1)建立多方协同机制，运营单位应积极对接使领馆、当地政府部门、业主和警察部队，建立风险预警机机制，强化沟通协调机制。

(2)健全运营公共安全组织体系，组织保证体系属于公共安全管理体系的核心，应成立运营公共安全领导小组和专职管理部门，明确管理制度和岗位职责、完善预警及应急处置措施、实施检查、监督及奖罚等。

(3)增强预警意识，组织开展各类公共安全培训和应急演练，对运营风险隐患进行排查治理，妥善处置公共安全突发事件，增强运营人员公共安全意识。

(4)加强安防设施和应急设施建设，合理配备安保力量，组织运营人员开展好教育培训，强化内部安保风险管理。

(5)加强员工内部管理，尊重当地宗教文化习俗，遵循当地军警部门与政府有关禁令。

(6)建立舆情风险防范机制，加强与当地政府部门和新闻媒体沟通协调，对不实的负面新闻及时进行更正或消除。

4. 提升风险预控和综合应急处置能力

境外铁路项目在运营期间应成立风险预控和应急处置组织机构，夯实前期教育培训和规章制度建设，建立健全突发事件应急处置体系，从而保障突发事件发生时能快速响应，减少突发事件产生的损失和当地舆论的不良影响。

(1)建立风险预控和应急指挥小组，确保形成高效快速的应急决策和处置组织结构，理顺信息沟通渠道。

(2)建立应急救援队伍，明确人员岗位职责、组织结构、联系方式和应急物资等，建立一支高素质的常备队伍。

(3)完善应急预案和现场处置方案，结合项目所在国实际情况，确保预案和方案的针对性和实用性，明确应急处置从事后救援到风险预控的意识转变。

(4)配备必需的应急救援设备，如消防器材类灭火救援设备和急救设备等。

(5)提高应急演练质量，运营单位应针对防范恐袭和火灾等突发事件进行演练，确保应急演练更具有操作性和科学性，提高员工的应急处理能力。

10　TSI 认证

面对国际铁路市场，中国企业应认真分析项目区域法律法规，研判各种风险，特别是欧洲铁路市场，必须了解掌握欧盟铁路技术法规，发挥中国铁路技术标准、设备制造、建设管理、维护运营等全产业链优势，加强与欧洲标准化组织之间的交流与合作，积极研究欧盟铁路互联互通指令 2008/57/EC（现修改为 2016/797/EU）、互联互通技术规范（TSI）及相关的欧洲标准、EC 符合性认证模式和程序等法规，与业主、属地企业密切合作，高质量共建"一带一路"项目。

匈塞铁路是中国—中东欧国家合作的旗舰项目，也是欧洲交通走廊和中欧陆海快线重要组成部分，铁路建成后将促进匈塞两国与欧洲其他地区互联互通，助力两国打造地区交通物流枢纽，推动欧洲基础设施建设和沿线地区经济发展，对共建"一带一路"倡议与欧洲发展战略对接、深化中欧互利合作都具有重要意义。

本章介绍匈塞铁路塞尔维亚段 TSI 认证的过程。

10.1　概　　述

1. TSI 的产生

在第二次世界大战后，为了追求和平与繁荣，欧洲国家开始了一体化之路。欧盟通过不断吸纳新成员和扩大自身规模，不仅推动了成员国之间的交流和合作，而且促进了欧洲地区之间的经济联系和发展。为加快铁路一体化和统一进程，实现技术和标准统一，欧盟委员会分别于 1996 年和 2001 年制定了高速铁路与常规铁路一体化的规定，颁布了 96/48/EC 和 2001/16/EC 指令，成为高速铁路和常规铁路互联互通最基本的规定。

基于上述两项指令的要求，欧盟委员会委托欧洲互联铁路网络协会（AEIF）按照其要求发布第 1 批欧盟铁路互联互通技术规范（TSI）。TSI 是欧盟关于铁路系统的技术法规，其法规的具体执行除遵照法规正文外，还须遵照法律引用的标准和规范。

按照 TSI 的要求，开展 EC 符合性认证并获得证书是中国铁路产品进入欧洲铁路市场的先决条件，也是中国承包商承建欧洲铁路项目得以开通、交付的必要条件。

2. TSI 的内涵

欧盟铁路互联互通技术规范（TSI）是欧盟关于铁路产品的技术法规，是为了消除欧盟成员国之间铁路运输发展障碍，进一步提高铁路运输效率，构筑泛欧铁路运输网（TEN），达到互联互通的要求，由铁路管理机构根据 EC 指令规定要求编制的一种针对铁路运输互联互通性的技术规范。该法规由欧盟委员会制定和颁布，由欧盟成员国转化为本国的法律法规执行。欧盟铁路互联互通技术规范（TSI）由欧盟委员会委托欧洲铁路局（ERA）起草制定，然后由欧盟成员国公示的认证机构（NoBo）通过 EC 符合性认证，进行有关 TSI 符合性评估。

欧洲铁路互联互通主要包含两层含义：一是技术和装备的互认互通；二是列车运行操作方式和界面的一致性互通。规范体系包括：欧盟指令（Directive 2016/797/EU），支撑和补充指令的TSI,引用的国际标准、欧洲标准、国家标准、欧洲铁路局(ERA)与国际铁路联盟(UIC)协调框架协议等。2016/797/EU指令和TSI是欧洲议会和欧盟理事会发布的铁路法规,在欧盟成员国具有强制性法律效力。而被TSI引用的国家标准、欧洲标准、国际标准、技术规范等,即作为TSIs的组成部分,成为强制性标准和规范。

3. 铁路结构子系统划分

鉴于铁路系统的复杂性,按其按结构或按功能分解为以下子系统:

(1)按结构划分为基础设施子系统(INF)、轨旁控制命令和信号子系统(CCT)、车载控制命令和信号子系统(CCO)、能源子系统(ENE)和机车车辆子系统(RS);

(2)按功能划分为运营和交通管理子系统、维护子系统、客运和货运服务的远程信息处理应用子系统。

4. NoBo、DeBo、AsBo简介

(1) NoBo(Notified Body):公告机构

为建立和完善统一的欧洲共同市场,形成一体化的泛欧铁路网,欧盟委托ERA发布了一系列互联互通技术规范TSI,以求欧盟各国铁路系统的技术和运营标准协调一致,确保列车安全、无缝地在全欧盟范围内行驶。TSI存在于欧盟整个技术法规体系之中,属于法律范畴的强制性规范,已形成了完整的体系。在铁路市场中,NoBo就是依据TSI要求对铁路产品和子系统进行符合性评价和认证的独立第三方机构。

(2)DeBo(Designated Body):指定机构

欧洲各国铁路制式差异较大,发展也不平衡,TSI虽在很大程度上规定了泛欧铁路网的互联互通要求,但完全消除国家间的铁路差异是不现实的。DeBo是由国家指定的、对该国技术规定进行符合性认证的独立第三方机构。为了确保互联互通的效果,欧盟规定,DeBo认证时所依照的国家技术规定应向欧盟及其成员国进行通报,这些通报的国家技术规定被称为NNTR(Notified National Technical Rules)。

(3)AsBo(Assessment Body):安全评估机构

AsBo依据欧盟铁路共同安全方法(Common Safety Method,CSM)对铁路系统重大变更的安全性进行评估,即评估铁路系统重大变更后的安全风险是否可接受。铁路系统的重大变更体现在技术、运营、组织三方面。通过欧盟铁路共同安全方法(CSM-REA),在欧盟铁路市场内建立起一套风险识别与管理、安全性证明的共同方法,消除了各国之间安全互认的障碍,为欧洲铁路市场内的自由流通创造了条件。

5. TSI认证范围、形式与特点

欧盟铁路系统互联互通指令(2016/797/EU)第1条:"该指令在欧盟铁路系统内规定了取得互联互通所需的、与欧盟铁路系统安全指令(2016/798/EU)兼容的条件,以定义技术协调的最佳水平,从而为促进、提升和发展欧盟及欧盟与第三国的铁路运输服务提供了可能,并为完成单一欧洲铁路区和逐步实现欧盟内部市场做出贡献。这些条件涉及铁路系统各部分的设计、建造、投入使用、升级、更新、操作和维护,以及铁路系统操作和维护相关工作人员的专业资格以及适用的健康和安全条件。"因此,按照EC的规定要求所建立的TSI涉及整个铁路系统的各个方面。对铁路基础设施或铁路运营进行更新或现代化改造时,指令要求欧盟成员国应根据TSI进行分析,并决定是否要按TSI的要求,对更新或改造后的基础设施或铁路运营进行新的EC符合性认证。

TSI 符合性认证所涉及的相关法律和标准的主要形式有：

(1)法规(Regulation)，具有约束力的立法行为，它必须在整个欧盟全面适用。

(2)指令(Directive)，一项立法行为，规定了所有欧盟国家必须实现的目标，但是如何实现这些目标取决于各个国家/地区制定自己的法律。

(3)协调标准(Harmonised Standards)，由公认的欧洲标准组织(CEN、CENELEC 或 ETSI)制定的欧洲标准，它是根据欧盟委员会的要求而创建的。制造商、其他经济运营商或符合性评估机构可以使用协调标准来证明产品、服务或流程符合相关的欧盟法规。

欧盟采用公告机构(NoBo)对上述法律、协调性标准进行符合性评估的形式来证明 TSI 的符合性。

TSI 认证的特点是定义了每个子系统或子系统的一部分必须满足的技术和操作标准，以满足基本要求并确保欧盟铁路系统的互联互通。指令 2016/797/EU 定义了构成欧盟铁路系统的结构或功能子系统，并在其附录 3 中对安全性(Safety)、可靠性和可用性(Reliability and availability)、健康(Health)、环保(Environmental protection)、技术兼容性(Technical compatibility)、可及性(Accessibility)共 6 个方面提出基本要求。对于这些子系统中的每一个，需要指定基本要求并确定技术规范，特别是在组件和接口方面，以满足这些基本要求。

10.2 TSI 认证影响因素分析

由于匈塞铁路采用欧盟铁路标准，中国企业面临法律法规、技术标准和产品认证等困难和挑战。

(1)不熟悉欧盟铁路法律法规。塞尔维亚虽不是欧盟成员国，但其国内很多法规已与欧盟法规对接。塞方与中国 EPC 承包商签署的商务合同规定了承包商的一般义务是：承包商有义务根据规划及建设法律、铁路安全及互通性法律，以及塞尔维亚共和国的其他相关法律和法规、技术文件、有效的技术法规、标准和规程开展所有约定的服务和工程。这些法律条款对中国承包商在技术标准、施工管理等方面带来极大挑战。

(2)产品认证面临新挑战。欧盟为了统一市场，实现欧盟成员国在商品、资本、人员和服务方面的自由流通，建立了一套完善的法律体系，包括大量的法规、指令和决定。欧盟铁路互联互通技术规范(TSI)是欧盟关于铁路市场的技术法规，构成欧盟铁路市场的技术壁垒。欧盟铁路认证是世界上最有影响力的铁路认证之一，欧盟认证法律法规体系健全，技术壁垒较高，任何进入欧盟(或遵照 TSI 国家，如塞尔维亚)铁路市场的产品、拟交付的系统，均必须按照 TSI 的要求通过 EC 符合性认证，否则铁路产品没有准入资格，铁路系统无法开通、交付。针对进入欧洲铁路市场的系统与产品，欧盟要求必须通过三类评定机构的认证，分别是 NoBo(欧盟互联互通方面)、DeBo(国家技术法规方面)、AsBo(安全评估方面)，均属于第三方独立认证。这些认证规定对中国承包商推动中国铁路技术装备在项目中的应用，以及对项目的建设合规性带来极大挑战。

(3)技术标准和规程不同于中国铁路。匈塞铁路塞尔维亚段项目难点之一是技术标准、管理规程都必须满足塞尔维亚及欧盟相关法规。商务合同第 37 条技术标准和规程约定："设计、承包商文件、施工及已竣工工程应符合规划和建设法律、铁路安全及互通性法律、塞尔维亚共和国的其他相关法律。TSI 明确规定的部分结构子系统强制性要求应满足，与互通性要求无关的其他工程应根据塞尔维亚标准。"这就要求中国铁路企业必须加快技术标准学习，了解掌握有关规定，适应新的建设环境。

10.3 CCS子系统认证

在匈塞铁路塞尔维亚段项目建设中，中国企业按照欧盟及塞尔维亚铁路系统互联互通法律和铁路安全法律，通过与业主进一步对接，了解业主需求，研发了具备全套自主知识产权的ETCS-2级列控地面系统，顺利通过了欧盟最高版本TSI认证(NoBo认证)及SIL4级安全评估(ISA)，获得了欧盟铁路市场的"准入证"。同时，计算机联锁系统(CBI)、调度集中系统(CTC)、信号集中监测系统(CSM)和其他基础装备也按照相关要求通过了塞尔维亚国家DeBo认证，从而为中国铁路通信信号装备进入塞尔维亚市场夯实了设备级基础。

10.3.1 ETCS-2级列控系统

无线闭塞中心(RBC)的主要功能是向列车发送行车许可(开行距离和速度)。中国企业自主研发的RBC-TZ在CTCS-3 RBC基础上增加了退行管理、版本管理、道口管理、RBC锁等22项CCS TSI功能及塞尔维亚本地功能，通过了SIL4安全认证、TSI认证。

欧标应答器(Eurobalise)是列控系统的点式信息传输设备，支撑了地面和动车非连续信息传输、列车定位等列控系统基础关键功能，为列车的准确、安全运行提供了重要保障。中国企业自主研发的TDY型应答器通过了SIL4安全认证、TSI认证。

轨旁电子单元(LEU)是根据轨旁信号显示等列控系统外部条件，生成ETCS车载设备可接收的欧标应答器报文，并通过与其连接的有源可变应答器将报文发送给ETCS的车载设备。中国企业自主研发的LKY·LEU-TH通过了SIL4安全认证、TSI认证。

密钥管理中心(KMC)是ETCS系统中动车与地面设备通信密钥管理的关键设备，支撑了ETCS车地通信的信息安全。中国企业自主研发的KMC-TH通过了TSI认证。

轨旁临时限速(TSR)：中国企业自主研发的TSRS-TH2型临时限速服务器承担轨旁临时限速核心功能，通过了SIL4安全认证。在此基础上，中国企业将CTCS列控系统临时限速运营机制、设备功能分配和设计原则应用到塞尔维亚ETCS-2级列控系统，轨旁临时限速功能通过了SIL安全认证，并在工程应用中通过了TSI认证。

10.3.2 全电子计算机联锁(CBI)

在DS6-60e全电子通用安全平台基础上(中国企业自主研发了塞尔维亚DS6-60 CBI)，根据塞尔维亚联锁技术条件定制开发联锁应用软件，通过了SIL4安全认证和塞尔维亚DeBo认证。

10.3.3 调度集中系统和信号集中监测系统

调度集中系统(CTC)是对管辖区段内的列车和调车作业进行指挥和管理的铁路信号技术装备。中国企业以国内CTC技术条件为基础，结合塞尔维亚国家运输需求研制了FZt-CTC，通过了SIL2安全认证、塞尔维亚DeBo认证。

信号集中监测系统(CSM)是为加强信号设备结合部管理、监测信号设备状态、发现信号设备隐患、分析信号设备故障原因、辅助故障处理、指导现场维修、反映设备运用质量、提高电务部门维护效率的铁路信号技术装备。中国企业以国内 CSM 技术条件为基础,结合塞尔维亚应用需求研制了 CSM-TH,在确保符合该国用户使用习惯的情况下,实现了国内技术条件的对外输出。

10.3.4 基础装备

道岔转换设备是轨旁信号基础关键装备,用以转换、锁闭道岔,给出道岔表示信号,改变道岔开通方向,支撑列车安全平稳过岔、转线及进出站。道岔转换技术采用了中国企业 ZDJ9-XS 转辙机及 JM-A 密贴检查器,并针对塞尔维亚应用环境专门设计了工电接口及安装装置,实现了中国企业道岔转换设备配套欧洲 UIC 系列的 8 种类型道岔及外锁闭、2 种类型脱轨器的成功运用。

道岔转辙机缺口监测设备用于监测转辙机表示缺口,利用安装于机内的摄像装置拍摄表示杆锁闭的图像,智能识别计算缺口值,并自动记录高速过车及道岔转换时缺口视频,实现了轨旁关键装备远程智能化维护。

道岔融雪系统采用电加热方式,及时有效融化道岔活动部位冰雪,保障道岔在雨雪天气下能够正常转换。中国企业研制的 RD1 道岔融雪系统,实现了基于气象信息的全自动控制系统,并具备电加热器件自诊断功能。

10.3.5 搭建海外首个系统实验室

目前,中国通号为匈塞铁路量身打造的 ETCS-2(欧洲列车运行控制系统)系统实验室是中国企业在海外建成的首个高铁列车运行控制系统实验室,将共享中国高铁建设的丰富案例库经验,为采用欧洲 ETCS-2 及列控系统标准建设的匈塞铁路提供核心技术支撑。

列控系统是高速铁路的"大脑"和"中枢神经",是保障高铁安全高效运行的核心技术。实验室分为核心装备区、操作区、中心展示区三部分,包括全套信号系统和符合欧洲技术标准的先进技术装备,可以展示完整的调度指挥和列车运行控制功能,并具备开展系统功能测试、接口测试、互联互通测试和列控数据交付测试等功能。

实验室采用设备全部为中国企业自主化产品,均按照欧洲通用的 EN50126/50128/50129 系列标准要求开发,通过独立第三方安全评估,按相关要求取得互联互通 TSI 认证和塞尔维亚 DeBo 认证,所有信号系统的安全性和可靠性指标均已达到世界领先水平。为确保产品质量,在国内搭建与塞尔维亚实验室相同配置的匈塞铁路专项实验室,严把列控产品"出口关",研制了联锁、RBC 产品和车载 ATP 的自动化测试平台,实现列控系统的自动测试,有效提高测试质量与效率。

10.4 能源(ENE)子系统认证

10.4.1 能源(ENE)子系统构成

能源子系统由变电站、分区所、接触网系统、回流系统组成。接触网系统(IC 部件)主要由接触线、承力索、吊弦、悬式绝缘子、定位线夹、接触线终端线夹、电连接及其他附件组成。能源子系统的特定要求如下：

(1)安全:能源供应系统的运行不得损害列车或人员(用户、操作人员、轨旁居民和第三方)的安全。

(2)环境保护:电力或牵引供电系统对环境的干扰不得超出规定限制。

(3)技术兼容性:所使用的电力/牵引供电系统必须使列车达到指定的性能水平,且牵引供电系统与安装在机车上的受流设备兼容。

10.4.2 IC部件验证程序

为了完成IC部件符合性验证,申请TSI认证的一般程序如下：

(1)接触网部件供应商选择一家公告机构(NoBo)；

(2)公告机构对设计技术方案和生产制造质量进行评估和审核；

(3)进行产品试验和测试；

(4)对接触网子系统进行模拟仿真和现场动态测试,并对结果进行判定；

(5)生产现场和质量管理体系的审核；

(6)符合性报告和认证证书的签发。

公告机构将会通知欧盟委员会说明该产品是否符合TSI规定的标准。

10.4.3 IC部件认证模块选择

2010/71 3/EU认证模式的决议(Decision)列出了针对子系统和IC部件的认证模式。对于接触网悬挂系统IC部件符合性评估可选择的认证模式如下：

(1)CA模式,即基于内部生产控制的认证模式；

(2)CB模式,即基于EC型式试验的认证模式；

(3)CC模式,即基于内部生产控制的符合性验证的认证模式；

(4)CH模式,即基于全质量管理系统的符合性验证的认证模式；

(5)CH1模式,即基于全质量管理系统加设计检查符合性验证的认证模式。

匈塞铁路贝旧段中国接触网供应商选择了TÜV NORD,采用CB+CC模块。

10.4.4 接触网IC部件的特殊评估程序

接触网IC部件的认证与其他系统IC部件的认证相比具有一定的特殊性,需要对弓网间动态性能指标进行评估,并进行接触网系统的模拟仿真,模拟仿真满足受电弓动态性能指标后,再进行现场动态测试。主要评估程序如下：

(1)动态行为和受流质量的评估涉及能源(ENE)子系统和机车车辆(LOC)子系统；

(2)测量以下参数来验证是否符合动态行为的要求:接触线的抬升、平均接触力F_m和标准偏差σ_{max}或者电弧百分比；

(3)缔约实体应声明用于验证的方法；

(4)接触网的设计应使用EN 50318规定的仿真模拟方法验证,根据EN 50317规定的静态和动态测量方法验证；

(5)如果现有接触网设计已运行至少20年,则可以不进行模拟仿真验证；

(6)接触网系统的静态和动态测量可以在专门建造的试验线或新建的线路上进行。

10.4.5 仿真要求

(1)为了仿真和分析结果,应考虑线路中代表性区段(例如隧道、锚段关节、电分相等);

(2)应按照规定的线路设计速度进行仿真,仿真时应使用至少两种不同的 TSI 兼容类型的受电弓进行模拟;

(3)允许使用处于 IC 认证过程中的受电弓类型进行模拟,前提是它们满足机车车辆(LOC)子系统中的其他要求;

(4)对于单个受电弓和多组受电弓,应进行间隔模拟;

(5)为了达到可接受的标准,模拟集流质量应符合抬升、平均接触力和标准偏差的要求。

10.4.6 动态测试要求

(1)如果仿真结果能够满足要求,则可以在线路上进行现场动态测试;

(2)动态测量可以在投入使用之前或在正式运营的线路上进行动态测试;

(3)对于上述现场动态测试,为模拟仿真选择的两种受电弓中的一种应安装在车辆上;

(4)需要针对弓网关系模拟仿真最差情况进行动态测试,如果不能使用 8 m 的受电弓之间的间距进行测试,那么对于设计速度小于等于 80 km/h 的线路,允许将两个连续的受电弓之间的间距增加到 15 m;

(5)为了达到可接受的标准,测得的动态性能指标应符合要求;

(6)如果以上所有评估都成功通过,则测试的接触线设计应被视为符合要求,并可用于设计特性兼容的线路。

11 联调联试与竣工验收管理

联调联试是铁路建设与运营准备的重要组成部分和必要环节。在境外铁路项目联调联试和竣工验收中，应始终坚持将安全放在首位，结合项目所在国和项目特点选择适宜的组织形式、工作流程、考核措施，依据项目技术特点和系统、设备配置方案及调试状态制定对应的作业规范，优化试验计划，加强信息沟通，强化问题整治，严格过程管理，确保调试工作安全有序和高效。

11.1 联调联试管理

联调联试是在综合测试车运行状态下对铁路各系统进行综合测试和调试，优化各系统的状态和性能，为铁路顺利开通提供科学依据。联调联试内容涵盖所有系统，主要包括：轨道、接触网、供变电、通信、信号、运营调度、客运服务、防灾安全监控、综合视频监控等系统联调联试，以及综合接地、电磁兼容、振动噪声、路基状况、路基及过渡段动力性能、桥梁动力性能、列车空气动力学性能测试等。境外铁路联调联试要结合所在国法规、业主需求以及项目特点开展。本节以橙线项目和沙特麦加轻轨铁路项目为例，介绍境外铁路项目联调联试主要管理工作。

11.1.1 橙线项目联调联试

1. 系统概况

(1)轨道

正线采用整体道床、无缝线路设计，轨道结构由钢轨、混凝土枕整体道床、碎石道床组成，扣件采用弹性分开式扣件，碎石道床采用弹条Ⅰ型扣件，轨枕及道床正线地下线、高架线及车场库内线均采用混凝土枕整体道床，地面线采用混凝土枕碎石道床。

(2) 桥梁

全线共设桥梁 26 座，桥梁长度占全线长度 80.8%。列车均采用中国标准 B1 型列车，竖向静活载。桥梁梁部布置采用两片 U 梁并排布置形式，桥上采用短轨枕纵向承轨台式整体道床。采用跨度 30 m 标准梁，采用 20 m、25 m 跨度梁为配跨梁，当需要跨越高等级公路和既有铁路时，采用大跨预应力混凝土刚构连续梁和大跨度简支、箱形、U 梁。桥墩采用圆柱形独柱墩，桥台采用轻型桥台，为钢筋混凝土结构。基础形式采用钻孔灌注桩。桥梁支座采用符合轨道交通要求有横向限位功能的球形钢支座。

(3)供电

供电系统包括外部电源、主变电所、中压供电网络、牵引供电系统、动力照明供电系统、电力监控系统、杂散电流防护系统。其中，牵引供电系统又包括牵引变电所与牵引网，动力照明供电系统又包括降压变电所与动力照明配电系统。全线设主变电所 2 座，每座主变电所设置 4 台主变压器。全线设牵引变电所 16 座，其中正线 14 座，车辆段及停车场各 1 座，在有降压变电所的车站，牵引变电所与降压变电所合建。采用铝钢复合接触轨受流方式为车辆提供电能。正线接触轨一般安装在行车方向的右侧，在有道岔等特殊区段为保证可靠供电的要求，可按换边铺设布置。电力监控系统由主站系统、被控站系统、传输通道及供电车间复示终端系统构成，对主变电所、牵引变电所、降压变电所、牵引网等主要供电设施进行监控。主站系统设在控制中心。

(4)通信

通信系统由传输系统、电话系统、无线通信系统、视频监视系统、广播系统、时钟系统、视频音频存储系统等组成。传输系统是轨道交通通信网络的基础承载平台，为通信各子系统的信息提供传输通道，还为信号、火灾自动报警系统(FAS)、自动售检票系统(AFC)、电力监控系统(SCADA)等专业提供传输信道。电话系统主要用于管理部门、运营部门、维修部门等工作人员进行内部及外部公务联系，同时供控制中心调度员与各车站、车辆段、停车场值班员以及与办理行车业务直接有关的工作人员进行调度通信之用。无线通信系统采用 800 M TETRA 数字集群无线通信系统，按工作区域及作业性质不同，本工程无线通信系统在用户组成上分为以下两个子系统：运营线路无线调度通信子系统、车辆段无线通信子系统。

(5)信号

信号系统由正线信号系统和车辆段/停车场信号系统组成。正线信号系统采用基于通信的列车控制系统(CBTC)，主要包括列车自动监控(ATS)、列车自动防护(ATP)、列车自动运行(ATO)、计算机联锁(CBI)四个子系统，正线全线及出入段/场线纳入 ATC 控制范围，列车速度控制方式采用连续速度曲线控制模式；正线降级系统采用联锁级方案，由计轴、转辙机、出站信号机和车站联锁设备构成联锁级降级信号系统，在 CBTC 车地通信故障时使用，列车按自动站间闭塞方式运行。车辆段/停车场信号系统采用计算机联锁设备独立控制。

(6)信息及机电系统

信息及机电系统主要包括自动售检票系统(AFC)、站台门系统、环境与设备监控系统(BAS)、火灾自动报警系统(FAS)、气体灭火系统及通风空调设备、给排水设备、低压配电系统等机电设备。

自动售检票系统由清分中心系统、线路中心系统、车站系统、检售票终端、车票五层构成。其中，清分中心系统完成整个线网的全局性管理功能，线路中心完成本条线的集中管理功能并向清分中心上传数据，车站系统处理本车站的数据并向线路中心上传数据。

站台门系统由机械和电气控制两部分组成，其中机械部分主要包括门体结构和门机系统设备，电气控制部分主要包括控制系统和电源系统。

环境与设备监控系统(BAS)采用两级管理、三级控制(控制中心、车站两级管理，控制中心、车站、现场三级控制的管理模式)，全线所有车站及区间、车辆段、停车场的通风空调设备、给排水设备、低压配电系统、电扶梯、站台门等系统设备实现实时监视以及集中控制功能。按设置功能、系统运行工况和地铁环境标准等要求进行监测、控制和科学管理，为轨道交通线路创造舒适、安全可靠的乘车环境，实现科学维护保养，延长设备使用寿命，并可通过优化控制，达到节能的目的。特别是在地下车站发生火灾事故的情况下，使有关救灾设施按照设计工况及时有效地运行，从而保障人身安全。

火灾自动报警系统采用两级管理、三级控制(控制中心、车站两级管理，控制中心、车站、现场三级控制的管理模式)，设置负责实现火灾探测、向车站控制室及线路运营控制中心发出火灾警报、报告火灾区域、与环境与设备监控系统、配合或独立实现消防设备的联动控制，为人员疏散、防止火灾蔓延和启动自动灭火设备提供控制与指示的消防系统。系统设备由火灾报警控制器和消防联动控制器、火灾探测器、手动火灾报警按钮、消火栓报警按钮、模块、图形显示装置等组成。

2. 联调联试组织机构及责任

(1)联调联试组织机构

根据联调联试主要内容，成立联调联试测试组，测试组下设两个分部，分别为：综合联调部、功能验证部，另外设置专家顾问组，对联调联试期间的技术和管理问题进行指导。

(2)联调联试测试组主要责任

①负责对联调联试进行总体进度控制；

②负责联调联试各种资源调配；

③负责联调联试文档的编制及发布；

④负责发布每日联调计划；

⑤负责问题库的管理；

⑥负责编制联调联试总结报告。

(3)综合联调部主要责任

①负责制定各项综合联调试验细则，报联调联试项目组批准；

②负责 BAS、FAS、SCADA 及通信(传输、时钟)系统与相关系统的联调联试实施；

③全面及时掌握项目进展情况，根据不同阶段的工作特征和工作环境，制定切实可行的综合联调实施计划；

④按照综合联调总体进度要求、工期节点，积极组织协调、合理安排联调项目实施，确保在规定的时间内完成规定的综合联调项目；

⑤负责综合联调问题库的建立、完善，汇总、上报调试过程中各参建单位配合、执行情况，传达考核结果；

⑥审查各设备系统承包商提出的各专业单系统调试大纲(含各专业单系统调试预验收标准)，以及接口联调/综合联调阶段的接口调试大纲与调试计划；

⑦负责汇总综合联调所有的调试文档，提交评估报告。

(4)功能验证部主要责任

①负责制定各项功能验证试验细则，报联调联试项目组批准；

②负责行车场景、车站火灾场景、车站正常运行场景、供电系统相关场景的功能验证联调联试项目实施；

③合理安排功能验证工期计划，完成各项功能验证测试内容，全面及时掌握项目进展情况，根据不同调试阶段的工作特征和工作环境，制定切实可行的功能验证实施计划；

④对功能验证测试中发现的不合格项，及时报相关责任单位，经各相关单位整改后进行复测；

⑤记录试验结果，编写功能验证报告。

3. 主要技术标准、参考文件与责任划分

(1)主要技术标准

列车采用 3 动 2 拖编组不锈钢标准 B1 型地铁车，供电系统外部电源供电方式采用集中供电方式，信号系统采用基于通信的列车控制系统。在完成内部系统调试验收的基础上，采用专业检测设备对整体系统的工作状态、系统功能和系统间匹配关系进行综合测试、调整、优化和验证，使整体系统性能、功能达到设计预定情况和运营要求。项目技术标准以中巴两国政府间框架协议为基础，采用至少具有三年运营经验的最新的中国设备并符合最高的可验证的中国标准。供电系统外部电源供电方式采用集中供电方式。信号系统采用基于通信的列车控制系统（CBTC）。联调联试协调组织工作呈现出复杂性和艰巨性，对中国企业开展联调联试工作的组织协调能力、测试技术能力提出了新的考验。

橙线项目主要技术标准见表 11.1。

表 11.1 橙线项目主要技术标准

项　目	内　容
轨　距	1 435 mm
车辆型式	中国标准 B1 型车
最高运行速度	80 km/h
最小平面曲线半径	正线：250 m；车场线：150 m
正线最大坡度	30‰
出入线最大坡度	35‰
轨　道	正线：60 kg/m 的标准长度轨道
列车动拖比	3∶2(5 辆编组）
列车编组方式	Tc-M-M-M-Tc
设计运输能力	3 000 人/h
地铁限界	车辆限界、设备限界、建筑限界

(2)参考文件

①GB 50157—2013《地铁设计规范》；

②GB/T 50299—2018《地下铁道工程施工质量验收标准》；

③GB/T 50578—2018《城市轨道交通信号工程施工质量验收标准》；

④GB 50382—2016《城市轨道交通通信工程质量验收规范》；

⑤GB 50116—2013《火灾自动报警系统设计规范》；

⑥GB 50166—2007《火灾自动报警系统施工及验收规范》；

⑦GB/T 50381—2018《城市轨道交通自动售检票系统工程质量验收规范》；

⑧橙线项目各系统的概念设计文件；

⑨橙线项目各系统的技术规格书；

⑩橙线项目各系统设计接口技术规格书；

⑪橙线项目各系统的施工图纸。

(3) 联调联试各参与方责任划分

联调联试各参与方责任划分见表 11.2。

表 11.2 联调联试各参与方责任划分

编号	工作任务分类	参与方			
		联营体	联调联试服务商	设计单位	设备系统承包商、施工单位
1	联调联试准备	协助联调联试服务商	方案编制、前提条件确认	协助联调联试服务商	配合联调联试服务商确保现场具备调试条件

续上表

编号	工作任务分类	参与方			
		联营体	联调联试服务商	设计单位	设备系统承包商、施工单位
2	综合联调	指挥联调联试服务商实施	编制联调方案，组织承包商、施工单位开展调试，并出具评估报告	提供技术支持，解决设计问题	负责具体调试操作，解决调试过程中发现的问题
3	基于场景的功能验证	指挥联调联试服务商实施	编制联调方案，组织承包商、施工单位实施并出具评估报告	提供技术支持，解决设计问题	配合联调联试服务商实施，整改问题
4	联调联试总结		编写联调联试报告		

4. 联调联试的主要目的和流程

联调联试是涉及多学科、跨专业的系统性测试调试工作，包括系统工程技术流程、技术管理流程、合同流程和组织计划实施流程四个部分，各部分又包含详细的子流程。橙线项目联调联试工作通过测试评价车辆在轨道上运行的安全性和通信信号系统的安全性，确保项目开通运营后的行车安全。

联调联试系统工作流程如图 11.1 所示。

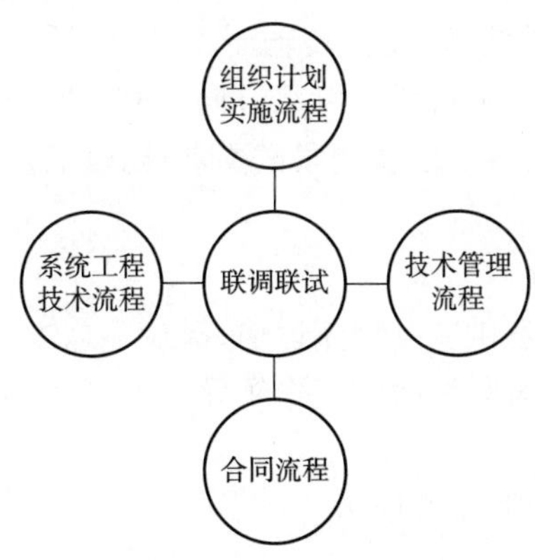

图 11.1　联调联试系统工作流程

(1)联调联试以确保项目开通达到设计速度为目的，测试和评价线路、牵引供电、通信、信号、防灾安全等各系统设计的合理性，对全线的各系统和系统之间的匹配进行充分的测试、检验、调试、优化，并测试和评价车辆在轨道上运行的安全性、平稳性，通信信号系统的安全性、稳定性，噪声振动，以及确保电磁辐射的环境影响和总体系统功能满足运输需求。

(2)联调联试通过大系统、子系统间的多次反馈与调整，使各子系统功能结构完整与合理，整体系统的功能达到最优。同时，通过联调联试使移动设备与固定设备间得到相互磨合，在系统总体目标的协调下实现移动设备与固定设备间的最佳整体匹配。

(3)联调联试范围涉及项目各车站、车辆段、停车场、变电所等，调试内容主要分为车站调试和动态调试，在空间上分车站和轨行区两部分，这两部分联调联试项目独立性较强，互相影响约束的条件较少。车站主要开展以通信、供电等专业为主的系统联调，以及正常运营场景、降级运营场景、火灾场景下各车站设备系统功能验证、变电所故障场景下越区供电功能、降压供电能力等。轨行区主要开展以信号专业为主的行车系统间的综合联调，以及车辆进、出站场景和列车折返场景下的各系统功能验证。

5. 联调联试前置条件

为安全优质完成整体系统功能和性能验证的目的，在联调联试前应具备以下前置条件：

(1)联调联试组织管理机构健全，联调联试现场指挥组安全管理体系建立，联调联试安全管理办法和规章制度健全，各岗位人员安全职责明确。

(2)联调联试仪器设备准备就绪，调试人员具备对现场问题及系统缺陷进行整改的能力，对联调联试期间可能出现的重大事故的应急预案已经建立，联调联试期间的安全保障措施已经准备到位。

(3)联调联试相关区域实施封闭，对该封闭区内的所有作业实施统一的现场管理，为各系统调试、集成测试提供支持，创造安全作业环境，保证本工程系统的调试、测试、集成测试，以及在此期间其他作业有序、高效和安全地进行。

(4)橙线项目土建工程由巴基斯坦公司负责施工，进入联调联试前，车辆段、停车场、各车站和区间的土建工程、控制中心内设备完成安装及单系统调试均由业主代表监理单位 NESPAK-CEC 联合体确认。系统接口调试完成，包括两系统间的物理接口完成连接和测试，两系统间的接口功能符合设计要求并经测试和验收合格，车站 BAS、FAS 及被控设备系统安装和调试完毕。

(5)信号系统联锁功能通过测试，通信传输子系统、电话子系统、专用无线子系统调试完毕。轨道系统安装调试完成，上、下行线可以双方向行驶，所有侧线和道岔已开通。车辆及车辆段已具备基本条件，车辆满足各阶段联调联试要求，场段工艺设备具备车辆检修能力。

6. 关键环节过程控制

(1)加强联调联试组织管理

在统筹设计、施工、物资设备供应及物流运输、保险等总体工作基础上，成立联调联试管理机构，实行内部四级管理，分别为联调联试工作领导小组、现场指挥组、三个工作小组及各参建施工单位。

项目联调联试管理机构如图 11.2 所示。

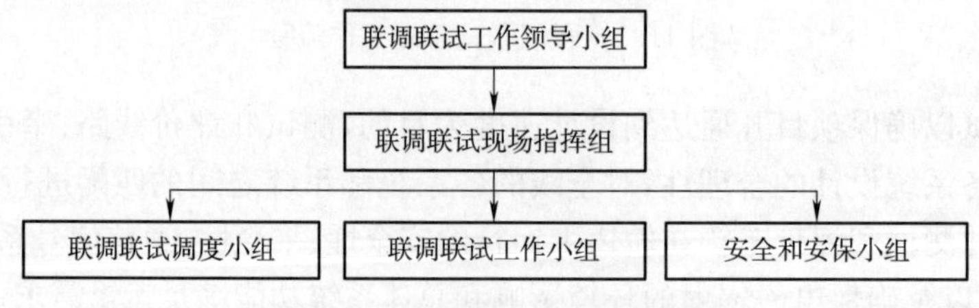

图 11.2　联调联试工作领导小组

联调联试工作领导小组主要负责组织对联调联试发现的重大问题进行决策，制定公共安全防控措施，并对现场资源进行调配和协调处理现场隐患或重大事故等。下设联调联试工作办公室及三个职能小组，协调巴方企业、中方单位等。

现场指挥组是现场管理领导组日常管理机构，主要负责组织编制及审定联调现场管理实施细则和各类规章制度，主持现场管理交班会，发布现场管理总体周计划和日计划，协调调试活动与施工安排，统一现场工作界面管理，并对现场管理期间可能出现的一般事故进行处理。

联调联试调度小组、联调联试工作小组及安全和安保小组分别在现场指挥组的领导下负责组织协调现场作业各种施工计划的编制、汇总,调试计划兑现情况及施工实施情况的监督以及现场指挥组内部协调和测试工作,并负责现场安全监督和安全保卫工作等。

(2)完善联调联试工作规章制度

结合项目机电工程技术和设备特点,在保障联调联试安全的前提下,制定《联调联试现场管理办法》《联调联试现场安全管理实施细则》《联调联试现场施工计划管理实施细则》等规章制度,明确管理目标、组织机构、岗位职责、管理制度、保护措施、安全培训、预警及应急管理、检查、监督及奖罚等内容。为加强风险防范意识,提高事故应急救援能力,制定下发《联合调试及试运行应急预案》,为安全、优质、高效地推进联调联试工作提供制度保障。

(3) 实行“三权”和“五区”管理

联调联试应做好“三权”管理,即场地管辖权、现场指挥权和功能使用权管理。一是联调联试在接触轨开始送电至调试结束期间应做好场地管辖权的接管,进入该区域进行相关活动须经授权和批准。二是联调联试现场指挥组在其管辖的范围内行使现场指挥权,包括计划审批权、行车指挥权、电力调度权、车辆调度权、相关资源调配权以及事故处置权等。三是为给管辖内各方的测试与调试提供支持,现场设备及设施相关功能使用权的接管授权联调联试现场指挥组。

联调联试封闭管理主要做好“五区”的封闭管理,即联调联试封闭管理区、调试禁区、调试隔离区、调试管控区、带电禁区的日常管理。

封闭管理区是指在系统联合调试及试运行期间,联合调试及试运行管理机构根据系统调试作业需求划定的统一管理的区域,在该区域内的所有作业均受到现场指挥组监控和统一协调。封闭管理区域边界应设置隔离设施,出入口设有保安人员进行值守,任何进入该区域的人员必须佩戴相关证件和履行必要的登记手续。

调试禁区主要为调试区和调试隔离区,指调试列车可能经过或者进入的区域。在调试期间,该区域除联调联试外,所有其他施工活动均禁止开展,并严禁非调试人员进入。

调试隔离区是指在联合调试及试运行阶段,调试列车可能闯入的区域,设置在调试区沿线路方向的两端,用于隔离调试区与其他作业区,以确保调试禁区以外的其他作业安全。

调试管控区是指为调试作业提供支持的系统设备所在的车站区域。在调试期间,该区域的非调试作业活动将受到严格的限制(以不影响系统正常工作为前提),进入该区域工作的人员将受到严格审查和控制。

带电禁区指联合调试期间,线路的接触轨或房间内的设备已经与高压电源连接并送电的区域,包括区间正线、渡线、车站线路的接触轨带电等。

(4)加强安全管理

在安全管理方面,由于联调联试涉及的单位、人员和环节较多,试验项目与现场施工相互影响,车辆动调车安全与带电区域作业安全是项目重点管控的主要隐患。

①列车调试、试验安全管理难度较大,需防范车辆故障无法动车、列车追尾、人员误入轨行区(人车冲突)、动车期间大面积停电、车站发生爆炸和火灾事故等风险。这需要建立健全安全管理体系,科学制定应急预案,组织开展公共安全培训和应急演练,从而妥善处置各类突发事件。

②项目位于高风险地区,由于地缘政治、教派冲突和恐怖袭击等不确定因素,存在爆炸、破坏、抢劫等突发事件,给联调联试带来较大公共安全风险隐患。

(5)严格联调联试工作过程控制

①联调联试过程中应加强检查、督促和整改,为确保车辆动调和试验安全,项目在动车调试前一是完成对正线、车辆段和停车场限界检查,对侵限问题整改完毕,轨行区设施满足限界要求;二是接触轨通过冷滑和热滑试验,完成设备功能验证和缺陷处理。

②联调联试过程中应加强对调试车辆和司机的管理,一是加强对调试车辆司机教育培训,严格落实凭行调指令或调试负责人指令驾驶列车进行调试,严格按命令中指定线路运行;二是试验作业车辆驾驶指定专职司机负责,禁止调试、试验人员擅自动用与行车安全有关的设备设施;三是在调试和试验作业过程中出现车辆故障时,严格按制定流程处理;四是动车调试期间,禁止参与调试人员下轨行区,特殊情况严格按带电区域作业安全管理规章或程序办理。

③联调联试过程中发现的问题应闭环管理,建立问题库进行分类管理,应明确问题整改的职能部门和相应的具体措施,并督导责任单位进行限期整改和逐项销号。同时,应制定科学合理、切实可行的考评和激励机制,强化考核管理,依据考核标准,对所有参试单位和人员工作进行考核。

11.1.2 沙特麦加轻轨铁路联调联试

1. 基本情况

沙特麦加轻轨铁路是中国企业在境外首例集设计、施工、采购、安装、联调联试及运营维护于一体的轻轨铁路项目。为了适应高温和风沙等特殊的气候环境,项目所建设的车辆段除了功能现代化,还要求各建筑物、维修库房全部密闭防尘,并使用特殊的沙漠空调系统。同时,建设管理程序涉及各个政府部门,需要协调和维护的事项较多,报检和审批程序复杂,有时除正常报批程序外还需进行第三方设计认证,增加了大量设计批复循环,从而延长了整个认证过程。针对项目的系统设计增加了安全认证程序,对所有系统设备的可靠性、可用性、可维护性和安全性(RAMS)进行全方位评估和认证,设计、采购、生产、安装和调试过程非常复杂。项目建设涉及各类技术标准,土建结构工程采用美国标准,房建及道路工程采用沙特当地标准,系统采用欧洲标准。

2. 关键测试技术

项目在联调联试中的关键测试技术主要包括轨道建筑限界检查、轨道几何状态动态检测、动力学性能测试、弓网受流性能测试、信号系统联调联试等。

(1)轨道建筑限界检查

建筑限界是一个垂直于线路中心线的极限横断面轮廓。线路的限界状态是否符合标准是列车安全行驶的前提条件,也是进行信号、屏蔽门、车辆等其他系统动态测试的必要前提条件。该项目轨道建筑限界检查采用基于 2D 激光扫描技术的车载式铁路限界检查测试系统,对铁路正线、试车线以及全线 9 个车站开展限界检查测试,最大限度地消除行车安全隐患。

(2)轨道几何状态动态检测

该项目轨道几何状态动态检测采用基于惯性基准法的轨道几何状态动态检测系统。模拟信号处理系统由各路传感器、信号转接及监视装置、信号处理装置和系统电源等构成。数字信号处理系统由数据采集及处理计算机、数据服务器、数据应用及波形显示计算机、打印机等组成。

(3)动力学性能测试

动力学性能测试重点是对线路质量和安全状态进行动态检查。由于沙特麦加城轨铁路小半径曲线(600 m)较多、客流变化大,动力学性能测试采用逐级提速的方法开展。

(4)弓网受流性能测试

弓网受流性能测试的主要参数包括燃弧率、硬点、接触线动态高度、网压等,同时需要对弓网视频图像进行监视和采集存储。列车在运行过程中能否始终保持正常稳定的受流取电是运营车辆在运行过程中持续保持动力、保证列车运行安全以及为车厢内旅客提供优质服务的重要前提条件。

(5)信号系统联调联试

信号系统作为保证铁路系统安全、稳定、高效运行的重要部分,其功能和性能直接影响到运营安全和效率。沙特麦加轻轨铁路信号系统按照功能分为列车自动防护(ATP)、列车自动运行(ATO)和列车自动监控(ATS)三个子系统,按照设备地点分为车载信号设备(列控设备)、区间设备、车站设备、控制中心(OCC)设备、车辆段设备等。在信号系统联调联试中主要采用运营场景类测试的方法开展,验证运营列车在沙特麦加轻轨铁路的不同运营场景下ATP、ATO和ATS的系统功能,以及信号系统与相关系统接口的功能实现情况。

11.1.3 联调联试管控关键环节

境外铁路项目联调联试的顺利实施,需要先进和实用的测试技术及相配套的管控技术,确保联调联试期间进度控制、质量控制和安全控制能高效运行,并应对接口管理、现场协调、文档管理、计划安排和安全管理等进行重点管控。应始终坚持将安全放在首位,结合项目所在国特点选择适宜的组织形式、工作流程、考核措施。依据项目技术特点和系统、设备配置方案及调试状态制定对应的作业规范,优化试验计划,加强信息沟通,强化问题整治,严格过程管理,确保测试工作安全、有序和高效。

1. 确认试验条件

联调联试开始前,联营体牵头组织进行工程静态验收,确认试验条件和车辆上线条件。每天试验前,对前一日各系统检测所发现问题的整改情况进行书面反馈,同时组织各参建单位签字确认线路、牵引供、接触网等设备状态是否达到试验条件的要求。

2. 实行日交班会议制度

每日由联营体牵头组织参试各方共同召开试验交班会,总结当日测试项目开展情况、发现的问题和初步结果、整治精调作业进展和质量,对各项工作进行考核,对已整改完成的问题进行销号,对当日试验中发现的问题落实整改要求、责任单位和责任人,及时更新问题库。

3. 强化计划管理

在联调联试期间采用总体计划和日计划两级计划管理。总体计划主要包括:试验内容、区段划分、轨道占用、试验用车、开始和完成日期和实施单位等。总体计划的制定有利于加强组织管理,有利于各单位统一步调、协调一致,有利于资源的合理调配和充分利用,保证关键节点目标和整体目标按期实现。

(1)计划分类

按作业地点和性质将施工分为A类、B类和C类。

A类是指影响正线、辅助线行车的施工,其中,A1类为开行工程列车、电客车的施工;A2

类为不开行工程列车、电客车的施工；A3 类为车站、主所、控制中心范围内影响行车设备设施的作业。

B 类是指在车辆段/停车场的施工，其中，B1 类为开行电客车、工程列车的施工（不含电客车、工程车检修作业）；B2 类为不开行电客车、工程列车，但在车辆段/停车场线路限界、影响接触轨停电、在车辆段/停车场线路限界外 3 m 内种植乔木、搭建相关设施及影响车场行车的施工；B3 类为车辆段/停车场内除 B1、B2 以外的施工作业。

C 类是指在车站、主所、控制中心范围内不影响行车的施工，其中，C1 类为大面积影响客运、消防设备正常使用及需动火的作业；C2 类为其他局部影响客运、消防设备正常使用，但经采取措施影响不大且动用简单设备设施（如动用 220 V 及以下的电力、钻孔等，不违反安全规定）的施工。

(2)计划管理原则

根据轨行区设备状态及车辆、信号调试需求，计划管理原则如下：

①在需开行电客车的调试阶段，原则上以信号/车辆调试作业为主、其他各类整改、维护类施工为辅。

②A2 类施工均须接触轨停电挂地线，采取天窗的形式组织。所有 A 类、B1、B2、C1 类施工均需提前向联合调度工作组申报计划。计划内容应包括施工日期、作业单位、作业时间、作业内容、作业区域、供电安排、申报人、防护措施、备注（列车编组、A 类作业需注明请点车站、配合单位及内容、联系电话等）。

(3)计划编制

联合调度工作组应结合作业条件、作业组织和施工资源情况整合作业计划，减少作业请点数量。计划编制须遵循以下原则：

①联合调试及试运行阶段，所有施工作业（含动车调试、问题整改施工等）均须纳入联合调度工作组统一管理。各单位作业计划应以月计划为主，周计划、日计划为辅。

②处理好列车的开行时间和密度、施工封锁等几方面的关系，避免抢时和争点现象。

③施工计划采用书面方式进行申报和审批。

(4)计划审批

施工计划审批应由联合调度工作组统筹负责，组织协调施工计划的整体安排、调整和计划的最终发布。OCC、车场（工程）调度、各配合单位负责审核施工计划的安全防护、作业区域、停送电、人员安排等具体内容是否符合要求。计划审批流程要点应包括：开车与非开车施工的作业区域是否存在冲突、停电与非停电施工的供电安排是否存在冲突、施工计划之间是否相互影响等。

(5)施工进场作业令

项目所辖设备或所辖范围内进行的施工作业（不含 B3、C2 类施工）须持“施工进场作业令”方可进场作业，编入月计划、周计划、日补充计划的施工须领取“施工进场作业令”。“施工进场作业令”是在项目管辖范围内进行施工作业的重要凭证，统一由联合调度工作组签发和管理。

4. 加强安全管理

(1)明确安全责任

联营体应建立分级管理的安全管理组织机构，明确参与联调联试各部门和各岗位的安全责任,组织对参加联调的人员进行必要的安全培训,使之了解相关的安全管理规定和程序,对从事特殊作业的人员需要进行必要的资质考核,合格人员方可上岗作业。

联调联试期间的安全管理分为三级,第一级是联营体层面开展的现场安全管理;第二级是由联调联试单位主持的联调联试测试安全管理;第三级是各参建单位对联调联试期间开展的安全管理。各级安全管理遵循的原则、采用的方法和手段,以及实现的目标都与整个项目安全管理的相关要求一致。

(2)通用安全管理

①联合调试及试运行阶段的所有施工作业均须由联合调度工作组审批并通报各单位,各单位管理好本单位人员,提醒不得擅自进入封锁范围,同时防控无关人员误入封锁范围。

②作业人员必须严格根据所批准的作业计划,在规定的作业时间、作业区域内开展作业。严禁越出作业区域。未经允许,任何人不得擅自进入开行列车的作业区域以及接触轨带电轨行区。

③各单位人员不得损坏相关设备设施,不得影响其他单位作业,未经设备归属专业负责人允许不得擅自操作其他专业设备。所有设备、物品或机具等均不得侵入限界(行车、设备、车辆等限界)或影响设备设施运行。

④各单位负责本单位人员的安全生产、文明施工管理,组织作业人员入场前、定期和经常性的安全文明施工教育培训。

⑤各单位须确保其从业人员具备必要的安全生产知识,熟悉有关的安全生产规章制度和安全操作规程,掌握本岗位的安全操作技能和紧急情况下的应急避险措施,并督促从业人员自觉遵守安全生产的各项规章制度。

⑥各单位须为从业人员提供符合国家标准或者行业标准的劳动防护用品,并监督、教育从业人员按照使用规则佩戴、使用,做好作业安全防护工作。所有参加调试作业的人员必须按规定佩戴齐全劳动保护用品,必须具备上岗资格。

⑦各联调参与单位需充分研究分析各专业系统在动车调试可能出现的问题和安全隐患,及时建立预防措施和应急预案,保证动车调试工作顺利进行,确保不发生重大设备和人身安全事故。

(3)轨行区作业安全管理

①接触轨的电压等级为 DC 750 V,其各部件(如钢铝复合轨、绝缘支架、端部弯头、膨胀接头、电缆等)及其相连部件都带有高压电,因此禁止直接或间接(指通过任何物件,如棒条、导线、水流等)与上述设备接触。

②任何人员所携带的物件(包括长杆、扶梯等)与接触轨带电部位需保持 1 m 以上的距离。

③在接触轨区域作业,与带电接触轨距离小于 700 mm 的作业时,接触轨必须停电并挂接地线,接触轨停电挂地线区域不得小于作业区域,作业人员不得超出作业区作业。接触轨设备停电甚至是事故停电,在未做好安全措施前,仍视为带电设备,严禁触摸、跨越、踩踏,严禁触摸裸露线头、带电设备、未明设备等。

④人工手摇道岔时接触轨可不停电(与带电接触轨距离必须大于 700 mm),必须两人同时进入,操作时一人操作一人监护,两人必须穿绝缘靴,按制定的安全行走路线图行走。

⑤若在高架、地面线路上遇到打雷时,尽量远离接触轨设备,双脚并拢蹲下,尽可能使人体高度低于周围设备设施,利用打雷的间隙,及时回到室内避雷、避雨。

⑥禁止将工具、材料等物品放置在接触轨的下方，防止因物料出清不彻底，导致接触轨短路或导致集电靴受损。接触轨停电挂地线作业施工过程中，由于存在轨电位，为避免设备烧损，禁止接地金属与接触轨（端部弯头、避雷器、钢铝复合轨等）及钢轨接触。

⑦除接触轨专业人员按规定检修接触轨设备外，其他任何人员，即使在接触轨已经停电挂地线情况下，也不得擅自接触、碰摸接触轨及其附件。

(4)列车调试、试验安全管理

①动车调试前，正线、车辆段和停车场限界检查应完成，侵限问题已全部整改完毕，轨行区沿线所有设施均满足限界要求，出具正式限界报告。接触轨应通过冷滑、热滑试验，完成设备功能验证和缺陷处理，接触轨设备标识、供电安全标识齐全清晰。

②调试司机凭行调命令或调试负责人指令驾驶列车进行调试，严格按命令中指定线路运行。调试、试验作业的所有列车驾驶工作由司机负责，车上设备操作由调试作业负责人指挥司机或其他专业人员负责。在调试、试验客车运行过程中，禁止调试、试验人员（含外方人员）擅自动用与行车安全有关的设备设施。需要进行一些影响行车的试验操作（如进行紧急制动试验）时，需向司机交代清楚并经同意后方可进行，司机在同意前需落实好行车安全事宜。

③进行动态试车前，必须确保客车的制动系统作用良好。静态试验前，必须对车辆施加停车制动。在调试、试验作业过程中出现车辆故障时，客车司机应及时向调试负责人汇报，由其进行处理，视其需要给予协助。禁止未经调试负责人同意擅自动用车载设备或进行任何试验操作。

④调试、试验期间，司机须服从调试、试验负责人的指挥，但遇调试、试验负责人提出调试要求超出计划内容时，司机应及时向行调（在车辆段/停车场则报车辆段/停车场管理人员）汇报并得到其同意后方可执行。调试人员（含外方人员）不听劝阻者，司机有权停止作业。下列情况司机应给予坚决制止，严禁动车，并将情况报告行调（在车辆段/停车场则报车辆段/停车场管理人员）处理：调试和试验指令违反相关安全规定或规章时；危及行车安全（如有物品侵入限界、道岔位置不对等情况）时；不具备动车条件（如客车上的设备未恢复正常位置、未进行制动试验等情况）时；无调试和试验负责人在场（只有外方人员的情况）时；作业计划不清或计划与实际有出入时。

⑤进行调试、试验时要严格遵守线路的限速要求，按照行车信号、标志要求，严格控制速度运行。在进入正线、试车线的第一趟或调试、试验作业中途停止超过 2 h 后需要重新调试时，要求限速 25 km/h 进行压道。雨天、大雾天时严禁试车线进行客车的高速（高于 40 km/h）调试、试验，制动时做到早拉少拉，并按规定停车。试车线夜间严禁进行 URM 模式下的高速调试、试验。

⑥动车调试期间，任何参与调试人员原则上不能下调试区域的轨行区，如确有需要下去时必须先征得调试负责人的同意，调试负责人向行调及车站申请，按照关于接触轨区域相关作业安全管理规章或程序的要求办理，封锁该区域上下行区间和做好安全防护措施后再下轨行区，调试列车须与封锁区保持一个区间的安全距离，待作业出清后才能继续动车。

(5)接触轨区域安全管理

①任何人员未经车辆段/停车场管理人员、车站站务人员允许，禁止进入接触轨区域。车辆段/停车场、车站须制定轨行区安全行走路线，原则上接触轨与人员需保持 700 mm 以上距离。

②允许进入接触轨区域的人员必须经过接触轨培训，考试合格视为具备资格，进入前必须到车辆段/停车场管理人员、站务人员处办理手续登记，明确活动的具体区域、安全行走路线、人数及计划进出时间。

③车辆段/停车场通往轨行区的道口必须安排保安人员 24 小时值守，人员进入时需要登记好姓名、联系电话、人数，由保安联系车辆段/停车场管理人员核对并落实是否批准，出清时签名并填写离开的时间、人数。车站进出站出入口必须安排安保人员 24 小时值守，如进出站出入口已关闭可不安排人员值守。人员进入轨行区时需要登记好姓名、联系电话、进入人数，由站务人员负责核对并落实是否批准。站务人员确认后带领作业人员至对应的端墙门处下轨行区，出清时签名并填写离开的时间、人数。

④进入接触轨区域人员必须按要求穿着绝缘鞋、绝缘靴，涉及电气设备操作的还须穿戴绝缘手套，未按规定穿着的禁止进入接触轨区域。车辆段/停车场管理人员、站务人员在办理请点手续时负责检查施工负责人是否持有相关施工证件，是否经过接触轨安全培训，检查作业人员是否穿绝缘鞋，有制止不具备条件人员进入轨行区的权力和责任。

5. 质量保障措施

质量保障措施是确保联调联试测试质量的重要方法，在联调联试项目中，严格按照质量体系文件的要求，对联调联试方案的编制、标准制定、现场技术支持等各个阶段进行全过程的服务质量控制，为联调联试项目提供高质量的服务。分析、确定联调联试所需要的过程和资源(包括所需要的外包过程)、过程的相互关系，以及运行、指导和控制过程所需要的准则、方法，并且确保在过程运作期间，能够对其质量、进度进行测量和监控，获得必要的信息，进而通过充分的定性、定量分析，寻找到持续改进的机会。

项目质量管理计划在系统联调联试服务开始阶段时已基本确定，其着重于设备系统调试服务的质量管理，所以需要在项目准备阶段制作一些具体文件从而满足系统联调联试服务总体质量要求。测试质量保证计划就是由此而产生，并作为项目质量保证计划的延续。它勾画出对现场联调指导的质量管理文档，当中包括对设备系统承包商的调试大纲审查和调试监督。联调联试项目部的工作应根据项目质量管理计划执行。

11.2 竣工验收与交付

境外铁路项目建设结束后，承包商依据合同及项目所在国相关法规要求，完成合同内所有施工及管理活动，达到项目所在国业主的使用要求，进入建设项目的收尾工作。在此过程中，承包商会将项目有关技术质量资料转交给业主，并由业主/监理工程师组织一系列检验，最终签发项目接收证书 PAC(也称初步验收证书)接收该工程项目，此过程为工程竣工验收与交付。

工程项目验收是业主投资建设成果转入使用的重要标志，是工程建设的最后一个环节。境外铁路项目竣工验收交付与国内铁路项目验收流程、内容基本相同，主要考虑项目国的法律法规，如匈塞铁路项目需考虑互联互通要求，工程验收需要同步通过 NoBo、AsBo、DeBo 认证工作，并有第三方见证测试工作。

11.2.1 竣工验收主要内容

(1)检查工程是否按批准的设计文件建成，配套、辅助工程是否与主体工程同步建成；

(2)检查工程质量是否符合项目国和合同相关设计规范及工程施工质量验收标准；

(3)检查工程设备配套及设备安装、调试情况，国外引进设备合同完成情况；

(4)检查联调联试、动态检测、运行试验情况；

(5)检查环保、水保、劳动、安全、卫生、消防、防灾安全监控系统、安全防护、应急疏散通道、办公生产生活房屋等设施是否按批准的设计文件建成、合格，精测网复测是否完成、复测成果和相关资料是否移交设备管理单位，工机具、常备材料是否按设计配备到位，地质灾害整治及建筑抗震设防是否符合规定；

(6)检查工程竣工文件编制完成情况，竣工文件是否齐全和准确；

(7)检查建设用地权属来源是否合法，面积是否准确，界址是否清楚，手续是否齐备。

11.2.2 验收交付与质量保修流程

验收交付按范围划分为部分(分段)验收和全部验收。部分(分段)验收交付是指项目具备某一独立使用功能的单体(分段)工程达到使用要求后，业主要求提前接收使用而采取的一种分批(分段)验收的交付形式。

1. 竣工验收依据

(1)工程承包合同文件(含补充合同文件)；

(2)工程承包合同约定的验收标准；

(3)经业主或监理工程师批准的施工图(含变更设计)；

(4)工程承包合同约定的设计规范及技术标准、施工图；

(5)工程承包合同约定的工程质量检验评定标准及施工安装验收规范；

(6)业主或监理工程师对承包商“工程竣工报告”的批复意见；

(7)机电或工艺设备技术规格说明书；

(8)从第三国引进的技术或成套设备设计文件说明书等。

2. 竣工验收条件

(1)已经完成了工程承包合同约定的各项内容和任务；

(2)承包商对所有工程进行了检查评定，声明工程质量符合工程承包合同约定的质量等级和技术标准；

(3)已经向项目业主提交了申请“工程竣工验收报告”；

(4)经检验和试验评定所有工程质量达到合格的标准；

(5)机电或工艺设备安装单体或系统调试完毕，试运行合格；

(6)具有完整的项目技术档案(含竣工图纸、施工日志)和施工安装过程总结等；

(7)原材料、成品、半成品、构配件和机电设备进场确认记录及复试报告；

(8)工程承包合同约定的环境保护及消防等配套设备设施与其主体工程同步建成，并经业主或有关部门验收合格；

(9) 竣工运营投产的各项准备工作已经完成；

(10)生产线联动负荷试车合格、运转正常，能够生产出合格的产品，并形成生产能力；

(11)业主已完成工程价款计量支付批复；

(12)承包商已签署“工程质量保修书”；

(13)承包商完成向投资者提供证书、已安装设备的维护说明、授权维修人员名单的担保，例如电梯、空调、电信和信号设备的担保、视频系统监控、火灾探测器等。

境外铁路项目验收必须遵循项目国法律法规和商务合同，总体内容和程序如上所述，但每个项目也有不同特点，所以中国承包商一定要了解项目所在国对项目验收交付的流程和内容，静态验收、动态验收是否有独立第三方验证等，提前确定验收方案。

11.2.3 橙线项目静态验收

11.2.3.1 验收范围

项目验收范围包括 26 个车站、2 座主变电所、1 座车辆段和 1 座停车场的机电专业各系统。对于土建工程，仅限于外观检查和对影响联合调试、试运行及行车安全部分的外部条件确认。静态验收包括 15 个系统，分别为轨道、给排水及消防、动力照明、通风空调、供电、通信(含门禁)、信号、自动售检票(AFC)、火灾自动报警(FAS)、设备监控(BAS)、气体灭火、站台门(PSD)、电扶梯、地铁车辆、场段工艺设备系统。

11.2.3.2 验收依据

(1)《高速铁路竣工验收办法》(铁建设〔2012〕107 号)；

(2)《城市轨道交通建设工程验收管理暂行办法》(建质〔2014〕42 号)；

(3)经批准的概念设计文件、详细设计图纸和技术规格书；

(4)中国轨道交通设计规范和施工验收标准。

11.2.3.3 验收条件

(1)主体工程及其配套工程(包括外部配套工程及设备安装)已按设计文件建成；

(2)承包单位按规范、标准对工程质量和系统功能自检合格；

(3)监理单位对工程质量评定合格；

(4)竣工文件已按规定的编制内容和标准基本完成。

11.2.3.4 验收工作流程

验收工作流程包括准备工作、验收申请、组织验收、复验、编写报告等。

1. 准备工作

(1) 资料准备

①设计文件：项目建议书，可研，概念设计文件，施工图设计文件等单项评估报告等(各设计单位提供，相关部门配合)；

②合同文件：工程承包合同及相关文件(相关单位合同部门提供)；

③施工文件：施工日志，材料出厂质量证明、进场试验记录、台账等追溯性记录，安装及系统调试记录、Check Request 及评定记录，自检验验收记录等；

④专业检测、评估报告(各施工标段提供，相关部门配合)；

⑤重大质量、安全事故处理资料(各施工标段提供,相关部门配合);

⑥静态验收需要的竣工资料及其他资料。

(2)总结报告

①工程施工情况报告;

②工程设计情况报告;

③监理单位质量评估报告。

2. 验收申请

参建单位完成全部工程及设备安装、调试并经自检合格后,向静态验收领导小组报送"专业工程验收申请表"。

3. 组织验收

各专业验收组按验收计划确定的时间完成检查(包括内、外业检查),对检查发现的问题分为 A、B 类,提出处理意见、整改期限、复验时间等,建立问题库及整改销号制度;组织相关责任单位整改;专业验收组按时复查,合格后填写专业工程验收记录。

(1) 专业验收

各静态验收专业组根据本专业工程进度和施工单位申请验收,陆续开展现场检查验收,同时施工单位对检查提出的问题进行整改和完成现场检查验收。根据内业检查、现场检查、抽样验收测试和重点抽查情况,编制专业验收问题库。

(2) 问题库管理

纳入问题库的主要内容包括:不符合相关规范的设计问题、不符合设计要求的施工问题、不符合验收标准的质量问题以及影响项目安全稳定运行的其他问题。入库问题按专业分为轨道、供电、通信、信号、BAS、FAS、通风、给排水及消防、动力照明、气体灭火、AFC、站台门、电扶梯、车辆及场段工艺设备专业;按性质分为 A、B 两类,A 类问题为影响联调联试及危及行车安全问题,B 类问题为其他不影响联调联试及危及行车安全的问题。

静态验收领导小组是静态验收工作的归口管理部门,负责建立、管理、更新总问题库,各专业验收组负责管理各专业问题库。处理程序如下:

①问题入库,各专业验收组对提前介入和验收过程中发现的问题要准确描述、清晰分类、及时入库。

②梳理传递,各专业验收组负责将问题库上传至静态验收领导组;静态验收领导组负责将验收组提供的问题库梳理分类,落实到设计、施工单位。

③措施反馈,责任单位要及时将整改措施上报给各专业验收组,对存在异议的及时反馈。没有异议的问题要在规定时间内整改完毕。

④整改复验,责任单位要高度重视问题库中问题整改,联营体各专业主管工程师督促整改,整改后向各专业申请复验。验收组根据复验申请及时组织复验。

⑤问题销号,对整改合格的问题,各专业验收组要及时在问题库中进行记名式销号。确保 A 类问题在联调联试之前销号,B 类问题在试运行前整改完成。

⑥质量考核,参建单位对提出的问题不整改或不能按期完成整改的,静态验收领导小组根据实际情况给予通报批评或给予相应的处罚。

⑦保障措施,静态验收领导小组要定期组织召开静态验收交班例会,协调解决重、难点问题。根据现场实际情况,召开专题调度会。

⑧问题督办,对问题库中A类问题和B类重点问题,由静态验收领导小组负责督办。

4. 复验和编写报告

集中进行问题整改,最终复验,并由各专业验收组编写专业验收报告,静态验收领导小组汇总、整理并编写静态验收报告。

静态验收报告应包括工程建设项目情况报告、设计工作总结报告和静态验收报告(包括各专业静态验收报告和专项报告等)。

(1)工程建设项目情况报告应包括以下内容:

①工程概况,包括线路走向、正线长度、车站布置、工程条件等;

②建设概况,概念设计、详细设计批复情况,专业划分,设计、施工情况;

③主要工程量;

④关键工程节点,包括重点工程开工、竣工日期,全线批复开工日期,制梁、架梁和铺轨日期等;

⑤各专业主要施工技术方案;

⑥新材料、新技术、新结构应用情况;

⑦工程建设组织管理情况,包括重点建设情况、标段划分、重点工程开工建设情况、第一孔梁架设日期、施工起止日期、铺轨日期、有关设计标准变更情况的说明、施工总质量评价结论等。

(2)设计工作报告由设计单位向编制人员提供,应包括下列主要内容:

①主要设计依据;

②主要技术标准;

③专业主要工程内容及设计说明;

④变更设计情况;

⑤设计标准变化及有关分析等。

(3)静态验收报告由验收组编制,应包括下列主要内容:

①项目建设概况;

②工程建设完成情况;

③项目主要技术标准(含新技术、新材料、新结构使用情况);

④静态验收依据;

⑤静态验收机构组成及成员;

⑥专业、专项验收过程(包括各专业内业资料审核情况、外业普查情况、重点抽查细验情况、专业机构测试情况、质量问题汇总表并按是否影响动态验收和行车安全对发现的质量问题进行分类)、验收范围、验收内容、验收方法、存在问题(含遗留的零星土建工程和少数非行车设备)与整改复验结论;

⑦静态验收结论应明确静态整体系统和各专业及其接口是否满足设计要求和验收标准,工程总体质量是否合格,是否具备联调联试条件等;

⑧静态验收记录及附表主要包括工程静态验收内业资料检查记录、工程静态验收内业资料重点项目检查记录、专业工程静态验收观感质量检查记录、专业工程静态验收主要功能和实体质量抽查记录、橙线项目静态验收问题库记录表、橙线项目静态验收问题及整改情况汇总表、橙线项目静态验收相关数据和试验报告。

11.2.4 匈塞铁路贝旧段项目验收

贝旧段是匈塞铁路塞尔维亚境内首个开工区段，于 2018 年 6 月开始建设，线路全长 34.5 km，设有车站 6 座，停靠点 3 个。

根据塞尔维亚国家项目设施检查验收规则手册（“RS 官方公报”，第 27/2015、29/2016 和 78/2019 号），承包商完成合同规定内容并进行自检后，向监理和技术委员会提出验收申请，由其审查竣工文件和测试资料并进行现场检查。

1. 验收流程和技术接收所需文件

匈塞铁路塞尔维亚段验收流程和技术接收所需文件如图 11.3 和图 11.4 所示。

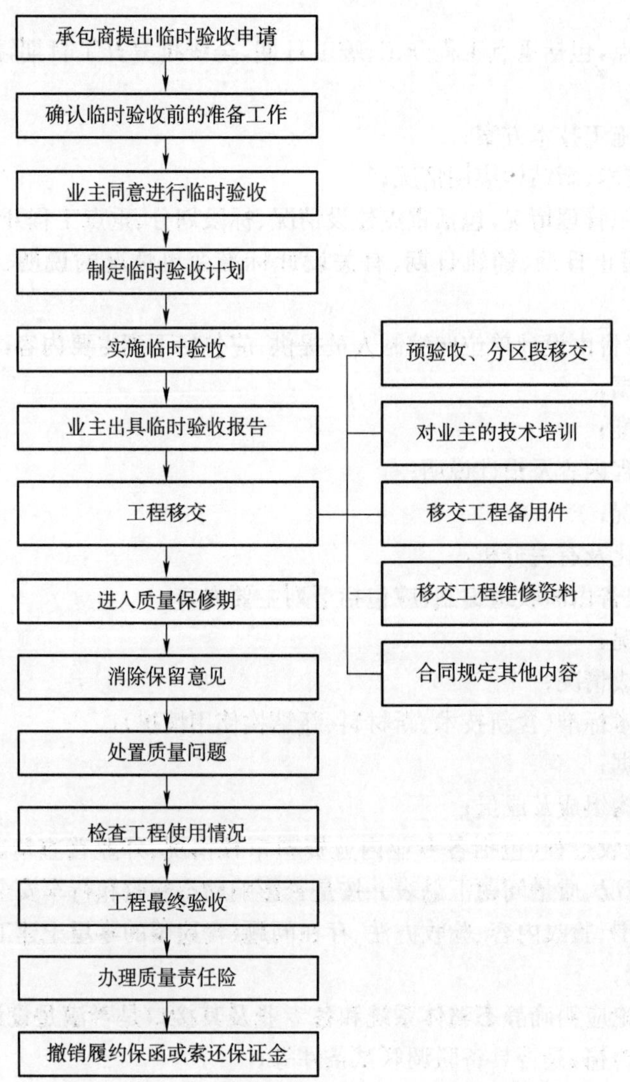

图 11.3　匈塞铁路塞尔维亚段验收流程

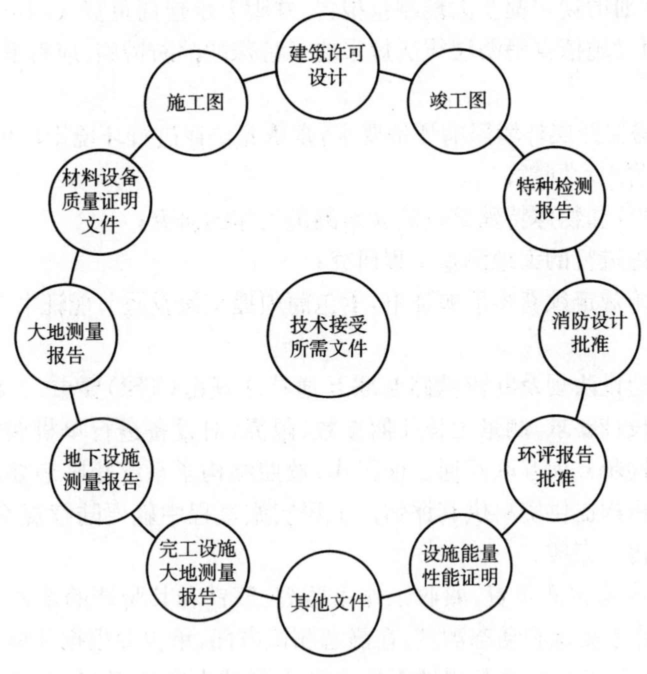

图 11.4 技术接收所需文件

2. 技术检查内容

(1)检查项目施工技术和其他文件的完整性,即工程的实施。

(2)检查已完工程是否符合施工许可证要求,项目建造所依据的技术文件,以及与其相关工程相关的技术法规和标准、设备和安装。这里所指的文件也应视为施工日志和在某些情况下在施工合同中规定的其他施工文件以及检验记录。如果技术检查与工程的实施同时进行,可分阶段进行检查,或针对技术委员会认为并根据技术文件内容,对相对独立工程单独使用的设施,必要的文件应提交给技术委员会。

3. 竣工文件检查

塞尔维亚国家项目验收要求竣工文件和认证工作均完成,然后由塞尔维亚铁路基础设施公司向国家铁路局申请使用许可证,之后由运营单位申请运营许可证。检查技术和其他文件的完整性可确定投资者和承包商在施工前和施工期间是否提供并妥善保存所有必要的文件。文件包括:

(1)施工许可证;

(2)建筑许可项目,即初步设计,如果根据法律的规定已经为设施或工程的执行发布了决定;

(3) 投资人、专业监理人员、承包人确认已建成项目或建设项目的建设条件与工程建设条件相同;

(4)证明已安装材料和设备质量的个人证书(制造商声明),及已完成的工作(测试样本、隐蔽工程的质量检查、安装和设备测试报告等);

(5)由专业授权机构出具的特殊证明,涉及装置和设备的适当系统(电梯、设备接地、噪声排放等)的正确性;

(6)根据规则手册的规定提交大地测量报告,并附上承包商负责人的声明;

(7)如果该项目设施依据消防法律法规采取了特殊的消防措施,应有消防主管机构对项目实施的正面意见;

(8) 如果确定需要开展环境影响评价要求,则依照法律进行环境影响评价,主管机构对环境影响评价研究报告表示同意;

(9)对被构造物体和物体特殊部位的大地测量工作的研究;

(10)对地下设施进行的大地测量工程研究;

(11)如果该设施规定须获得能源证书,承包商须提交该设施节能证书及评估报告。

4. 测试

按照塞尔维亚建设法规及欧盟铁路互联互通技术规范(TSI)要求,工程施工完后要检查工程质量是否符合设计要求,测量工程几何参数、限界,对设备进行单机调试及系统调试。项目从设计开始就要同步开展互联互通认证工作,按照结构子系统矩阵表要求分设计、施工/系统验证阶段向认证机构提供资料供其评估。工程实施过程中就要陆续提交资料,工程实施完成时竣工资料同步提交完成。

项目测试工作由承包商负责,验收工作由监理、塞铁和其聘请的德铁 DBST 测试验收机构执行。测试分为静态测试和动态测试,在静态测试方面,承包商根据 TSI 要求编制了静态测试方案,提交监理审查并完成静态测试工作。动态测试由塞铁组织,委托 DBST 执行。承包商根据 NoBo 对各子系统矩阵表的要求提交测试数据。

5. TSI 认证

根据商务合同要求,项目需满足欧盟互联互通和塞尔维亚法律法规要求。项目涉及认证工作包括 TSI 互联互通认证、AsBo 安全评估、DeBo 国家规范符合性评估。TSI 认证工作主要包括 TSI 矩阵符合性和现场见证两部分。按照专业划分为基础设施子系统(INF)、残疾人子系统(PRM)、能源子系统(ENE)及通信信号子系统(CCS)四大部分。施工/系统验证阶段矩阵表中有关内容将随测试、验收工作完成后同步完成。

TSI 认证工作是一项系统工程,贯穿设计、制造、测试、使用/运营、维保全生命周期,设计单位、建设施工单位、采购物资单位、供应商、业主、业主的 NoBo 等相关方,在认证过程中必须要有统一的策划与规划。

(1)设计

所有设计需要满足指令的要求,特别需要关注核心部件(IC 部件及功能安全系统),依据项目设计的实际情况与 NoBo 确认各个指令的检查表(矩阵表),依据检查表准备并提交相应的文件/证据(图纸、计算书、测试报告、文件等),证明满足相关法律法规,动态跟踪并关闭 NoBo 的开口项,与 NoBo 沟通交流认证进度、认证不符合项的关闭措施,完成其他 NoBo 设计审核需要开展的所有工作。

(2)采购

按照 TSI 相关指令合理规划采购,特别的,互联互通部件(I C 部件)必须采购具备 TSI 的 IC 部件认证的产品,主要包括:TSI INF 基础设施,含钢轨、扣件、枕木;TSI ENE 能量系统,含架空接触网 OCL;TSI PRM 残疾人指令,含站台显示器、站台斜坡、站台升降梯、TSI CCS 信号控制命令、无线闭塞中心 RBC、欧洲应答器。

(3)现场审核

NoBo 会依据相关指令要求，按照其审核计划开展现场审核活动，需要有对接部门负责审核准备、不符合项的整改等活动。

(4)机车车辆以及维修计划

此项工作主要为业主的工作，总承包合同中不含相关工作，本书不做分析。

6. NoBo 认证

项目各子系统认证情况：基础设施子系统(INF)的 IC 部件主要包括钢轨、扣件、轨枕；行动不便人士子系统及隧道安全子系统(PRM)中无 IC 部件；能源子系统(ENE)的 IC 部件主要包括接触悬挂系统(含线材、零部件、设备)；控制命令与信号子系统(CCS)的 IC 部件主要包括无线闭塞中心 RBC、欧洲应答器。

塞尔维亚 DeBo 认证的有 GSM-R 设备、调度通信设备等通信设备以及轨旁通信设备、调度集中设备、智能电源设备、计算机联锁等信号设备。

(1)INF 方面：钢轨、扣配件及轨枕。钢轨、扣配件及轨枕供应商均具备互联互通认证证书。

(2)ENE 方面：时速 200 km 中国铁路接触网 IC 部件于 2019 年 6 月首次取得 TSI 认证，悬挂系统经仿真计算、现场测试、评估，于 2022 年 3 月 10 日取得系统认证。变电设备都通过 CE 认证。从国内采购的变压器、综合自动化系统、RTU 装置均取得认证，如 IEC 认证、SIL 认证及 KEMA 认证等均已完成，设备均已通过业主验收。

(3)CCS 方面：无线闭塞中心 RBC 及应答器已通过 TSI 互联互通认证；临时限速服务器 TSRS、计算机联锁 CBI、调度集中 CTC、应答器、LEU、ATP、转辙机、计轴、电源屏等设备均已通过塞铁的 DeBo 认证，上述设备均获得了最高安全等级的 SIL4 级认证，获得准入资格。

7. AsBo 认证

《欧盟铁路安全指令》主要实现或落实的目标包括：

(1)所有运营铁路系统、基础设施管理方和铁路企业都应对其负责部分的系统安全负直接责任。

(2)铁路设备产品制造商、维护供应商、货车看管人员、服务供应商，以及采购实体等承担其产品或服务的责任。

(3)实施共同安全目标(Common Safety Targets，CSTs)和共同安全方法(Common Safety Methods，CSMs)，以及为 CSTs 建立的共同安全指标(Common Safety Indicators，CSIs)，在此基础上为成员国运营商的安全业绩提供评估工具。

(4)以成员国国家技术标准为基础的国家安全规则应当逐步采用欧盟的共同标准，并适应 CSTs。

(5)建立全欧共同有效安全认证和许可制度。

(6)成员国成立专门的安全管理机构和事故调查机构。

欧盟铁路安全管理体系(Safety Management System，SMS)定义为：由基础设施管理方或铁路运营企业为保证其运营的安全管理，为实现 CSTs、国家安全规则和 CSMs 而建立的组织体系和制度安排，包括安全政策、安全目标、安全程序(满足相关标准和技术规范)、风险评估方法和控制措施、安全培训、安全信息管理及记录、确保事件和危险的报告、调查分析和预防措施实施的程序、应急响应计划、经常性 SMS 内部安全审计规定等。

铁路运营企业必须持有安全证书(Certificate)才被允许使用铁路基础设施。

基础设施管理方(Infrastructure Manager)只有从安全管理部门获得安全许可(Authorisation)才允许管理和运营铁路基础设施。许可内容包括:一是确认接受基础设施管理方 SMS 已经过许可,建立的 SMS 符合安全指令要求;二是确认基础设施管理方的各种安全规定满足运营控制和信号系统等的安全设计、维护和运营等必备的和恰当的要求。安全许可应由基础设施管理方以不超过 5 年为周期重新申请。当基础设施、信号系统、动力系统,或者运营和维护发生重大变化时,都应当全部或部分地更新。

贝旧段 AsBo 认证由塞尔维亚国家独立安全评估机构(ISA)评估。

8. DeBo 认证

DeBo 认证工作主要是检查承包商采购的设备、工程是否符合塞尔维亚法规,设计、制造、维修和操作是否符合强制性、自愿性或合同性要求的独立评估。塞尔维亚对每个子系统进行符合性确认。

9. 项目验收

项目验收由业主组织技术委员会、监理、动态验收单位进行,包括静态验收、动态验收及竣工文件。

(1)静态验收:主要是对工程按照设计文件完成且质量合格、设备安装调试完毕且质量合格进行检查确认的过程,如轨道绝对位置和几何参数、轨道铺设过程焊接、锁定等,电力、电气化和通信信号设备安装调试等。

(2)动态验收:业主组织第三方对整个系统验证性综合调试,对安全运行状态检查和验收,由塞铁聘请的测试单位德铁 DBST 完成。

(3)竣工文件:项目验收的重要组成部分,与项目验收同步进行。按照塞尔维亚法规,由中方承包商委托有资质的公司编制竣工图。塞方对竣工文件分两部分向不同云端提供,涉及基础工程和结构工程部分向塞尔维亚国家信息中心提交,涉及专业性向技术验收委员会提交。

参考文献

[1] 熊彬臣. 境外铁路项目开展第三方市场合作的对策探析[J]. 国际工程与劳务，2020(6)：38-41.

[2] 熊彬臣. 联营体模式下境外 EPC 项目组织结构研究：以拉合尔轨道交通橙线项目为例[J]. 建筑经济，2021，42 (1)：35-38.

[3] 李博，王孟钧. 基于目标管理的流程型项目组织结构[J]. 现代管理科学，2005(10)：83-84，16.

[4] 郭茜茹. 项目集组织结构优化研究[D]. 天津：天津理工大学，2011.

[5] 武翔，段建国. 基于匈塞铁路的税收筹划相关问题分析[J]. 中国铁路，2019(6)：28-33.

[6] 杨忠民. 雅万高铁创新实践与启示[J]. 中国铁路，2018(12)：1-6.

[7] 孙永福，何华武，郑健，等. 中国铁路“走出去”发展战略研究[J]. 中国工程科学，2017(5)：1-8.

[8] 刘海军. 境外投融资工程项目前期税务筹划探析[J]. 管理观察，2017(19)：135-136.

[9] 邹长胜，葛志明. 中亚天然气管道 D 线塔吉克斯坦项目税收筹划策略：基于 EPC 总承包商的视角[J]. 国际经济合作，2015(7)：85-89.

[10] 袁军丽. 境外 EPC 工程总承包项目的税务筹划探析[J]. 中国集体经济，2015(4)：101-102.

[11] 肖峰，王琳. EPC 工程企业中亚经营的税收筹划[J]. 财会月刊(理论版)，2015(1)：40-42.

[12] 孙群. 巴基斯坦拉合尔轨道交通项目工程物流管理模式[J]. 中国铁路，2018(10)：46-51.

[13] 周鹏. 国际工程项目物流运作流程优化研究[J]. 全国流通经济，2017(17)：29-33.

[14] 杨海云. EPC 项目中的工程物流管理[J]. 建材世界，2011，32(4)：129-133.

[15] 苏宏杰. 我国安全生产标准体系的构建设想[J]. 中国安全生产科学技术，2008，4(3)：92-96

[16] 李亦纲，尹光辉，黄建发，等. 应急演练中的几个关键问题[J]. 中国应急救援，2007(3)：33-35.

[17] 王登文，潘玉存. 谈企业基层安全管理标准化[J]. 中国安全科学学报，1997(6)：49-52.

[18] 莫坤. 浅谈国际工程企业海外公共安全管理的特点和发展趋势[J]. 海外投资与出口信贷，2017(4)：34-38.

[19] 李晓福，曾旭东，李伟，等. 阿尔及利亚社会安全管理体系推广实践[J]. 中国安全生产科学技术，2014(z2)：148-153.

[20] 钱雪梅. 穆斯林民族主义的形成：以巴基斯坦建国为例[J]. 世界民族，2010(5)：9-18.

[21] 刘景凯. 以风险管理理论指导应急管理体系建设[J]. 中国安全生产科学技术，2010，6(4)：95-98.

[22] 戚建刚. 突发事件管理中的“分类”、“分级”与“分期”原则：《中华人民共和国突发事件应对法(草案)》的管理学基础[J]. 江海学刊，2006(6)：133-137.

[23] 刘新平，王守清. 试论 PPP 项目的风险分配原则和框架[J]. 建筑经济，2006(2)：59-63.

[24] 曾群伟，谢殿荣. 高铁建设项目安全风险分析及对策研究：以西宝客运专线Ⅱ标为例[J]. 安全与环境工程，2012，19(1)：65-68.

[25] 王要武，孙成双. 建设项目风险分析专家系统框架研究[J]. 哈尔滨建筑大学学报，2002，35(5)：96-99.

[26] 蒋田芳，张文斌. 欧盟铁路互联互通技术规范及欧盟指令符合性认证综述[J]. 铁道技术监督，2014，42(10)：1-6.

[27] 杨则云，徐世东，马明飞，等. 欧盟铁路系统技术规范(TSI)最新发展研究[J]. 标准科学，2020(8)：119-124，132.